基于Zipf法则的高铁网络
对旅游空间分布影响研究

罗明志◎著

四川大学出版社
SICHUAN UNIVERSITY PRESS

图书在版编目（CIP）数据

基于 Zipf 法则的高铁网络对旅游空间分布影响研究 / 罗明志著． — 成都：四川大学出版社，2023.8
（经管数学应用丛书）
ISBN 978-7-5690-6275-5

Ⅰ．①基… Ⅱ．①罗… Ⅲ．①高速铁路－铁路网－影响－旅游业发展－研究－中国 Ⅳ．①F592.7

中国国家版本馆 CIP 数据核字（2023）第 141808 号

书　　名：	基于 Zipf 法则的高铁网络对旅游空间分布影响研究
	Jiyu Zipf Faze de Gaotie Wangluo dui Lüyou Kongjian Fenbu Yingxiang Yanjiu
著　　者：	罗明志
丛 书 名：	经管数学应用丛书

丛书策划：蒋　玙
选题策划：蒋　玙　周维彬
责任编辑：周维彬
责任校对：王　锋
装帧设计：墨创文化
责任印制：王　炜

出版发行：四川大学出版社有限责任公司
　　　　　地址：成都市一环路南一段 24 号（610065）
　　　　　电话：（028）85408311（发行部）、85400276（总编室）
　　　　　电子邮箱：scupress@vip.163.com
　　　　　网址：https://press.scu.edu.cn
印前制作：四川胜翔数码印务设计有限公司
印刷装订：成都金阳印务有限责任公司

成品尺寸：170 mm×240 mm
印　　张：10.75
字　　数：207 千字

版　　次：2023 年 8 月 第 1 版
印　　次：2023 年 8 月 第 1 次印刷
定　　价：58.00 元

本社图书如有印装质量问题，请联系发行部调换

版权所有 ◆ 侵权必究

扫码获取数字资源

四川大学出版社
微信公众号

目 录

第1章 概 论 1
1.1 研究背景 1
1.2 研究意义 6
1.3 研究技术路线 8
1.4 研究创新 9

第2章 文献分析 11
2.1 研究方法与数据来源 11
2.2 发文量分析 12
2.3 发文作者与研究机构分析 14
2.4 研究领域分析 20
2.5 研究热点分析 29

第3章 理论基础 32
3.1 增长极理论 32
3.2 核心－边缘理论 35
3.3 点－轴理论 36
3.4 位序－规模理论 38
3.5 首位度理论 42
3.6 测算方法 45

第4章 现状分析 48
4.1 旅游发展现状分析 48
4.2 旅游分布演变趋势现状 63
4.3 高铁网络发展现状 73
4.4 高铁对旅游发展的影响 81

第 5 章 实证分析 ·· 87
5.1 研究设计 ·· 87
5.2 变量与数据说明 ·· 91
5.3 实证分析 ··· 95
5.4 平行趋势检验 ·· 102
5.5 稳健性检验 ··· 104
5.6 异质性分析 ··· 111

第 6 章 机制分析 ·· 115
6.1 资源禀赋效应 ·· 115
6.2 配套设施效应 ·· 122

第 7 章 政策建议 ·· 137
7.1 充分挖掘旅游资源优势,实现高质量发展 ············ 137
7.2 抓好交通发展机遇,优化旅游产品结构 ·············· 137
7.3 完善旅游基础设施建设,提升区域可达性 ············ 138
7.4 优化城市群发展格局,建设能推进旅游业发展的体系 ·· 139
7.5 扬文旅融合之长,赋高铁旅游之能 ··················· 140
7.6 充分发挥我国铁路政策红利,促进高铁旅游高质量发展 ·· 141
7.7 加大旅游宣传力度,打造旅游特色品牌 ·············· 142
7.8 完善高铁规划建设,优化高铁网络布局 ·············· 143

参考文献 ··· 145
后　记 ··· 166

第1章 概 论

1.1 研究背景

高速铁路（以下简称"高铁"）的迅猛发展给旅游业带来深刻的变化，旅游业进入"高铁时代"。高铁的独特优势在于其时空压缩效应，具体体现为：能够缩短旅游客源地与旅游目的地间的时间距离；对于一些缺乏区位优势的旅游地，能极大地提升和改善这些地方的可进入性，增强旅游项目、旅游地点的吸引力。大量的客源由于高铁的开通而在铁路沿线的站点城市中得以增加，这也促进了住宿、餐饮、购物、娱乐、交通等关联行业的迅猛发展。

然而，部分观点认为高铁虽然使时间成本有所降低，但随之而来的却可能是本属于经济欠发达地区的客流迅速流向了客源丰富的经济发达地区，两极分化趋势下客源市场原本就小的部分中小城市再次受到临近大城市的影响而导致小城镇的客源量进一步流失、旅游业衰退。

现实中，高铁网络对旅游空间分布的影响是怎样的？高铁网络是如何影响城市旅游发展的，它的影响机制是什么？高铁网络沿线城市的异质性对这种影响效应产生的改变会使其结果有所不同吗？毋容置疑，这些问题的研究对于实现我国现阶段旅游业转型升级和高质量发展具有重要意义。

1.1.1 旅游业的快速发展

近年来，旅游业发展持续向好，作为现代服务业中重要的组成部分，以及发展最快的新兴产业之一，旅游业也享有"朝阳产业"的美誉。自改革开放以来，中国的旅游业发生了翻天覆地的变化。尤其是进入21世纪后，我国旅游业的发展成就不仅令国人瞩目，更令世界瞩目。

过去的20年里，我国的旅游人次和旅游收入都持续快速地增长。2000年，国内的游客人数仅8.27亿人次，旅游总收入为4519亿元人民币。到了2019年，游客人数已上升至60.06亿人次，旅游总收入也增长到6.63万亿元人民币。从入境旅游人数上看，2019年入境旅游人数1.45亿人次，同比2018年增长2.9%，入境旅游收入313亿美元，同比2018年增长3.3%。经初步测算，2019年的全国旅游业对国内生产总值（Gross Domestic Product，GDP）综合贡献10.94万亿元人民币，占总量的11.05%。旅游业发展推动直接就业2825万人，直接和间接就业7987万人，占全国就业总人口的10.31%。综上可知，随着我国经济发展水平的不断提高，产业结构持续优化升级拉动经济转型，以旅游业为主要代表的服务业蒸蒸日上，在国民经济中的地位、占比也不断地提升。如今，旅游已逐渐走入寻常百姓家，成为我国居民日常生活中提高幸福感的一部分。目前，我国旅游业正处于发展期向成熟期过渡的阶段，正逐步成为、未来也必将成为国民经济的支柱性产业。

近些年来，我国经济迅猛发展，第三产业占GDP比例逐年增加，其中旅游业的发展更是成绩斐然。《"十四五"文化和旅游发展规划》提出，要深化旅游业供给侧结构性改革，深入推进大众旅游、智慧旅游和"旅游+""+旅游"，提供更多优质旅游产品和服务，在新的阶段形成新的旅游业发展格局。

已有的大量文献研究表明，旅游业带动地区经济快速发展的路径主要包括：带动地区基础设施建设（Kaplan & Elik，2008），改善投资环境（Mitchell & Ashley，2009），促进地区产业结构调整和优化（Narayanetal，2010）；增加国际与国内游客的到来，增加外汇收入（Lim & Pan，2005）；提供就业与发展机会，扩大劳动力就业和提高劳动力收入（Tang & Tan，2015），缩小地区间收入差距（Corthay & Loeprick，2010）；等等。因为旅游业涉及的关联行业（如住宿、餐饮、交通等）范围较广，具有良好的带动关联产业协同发展的优势和作用。发展旅游业大部分就是在赋能第三产业的发展，能够有效地促进消费，从而拉动内需，是促进国民经济的推动器，也是推动国内大循环和拉动国内国际双循环的主要引擎。旅游业对经济增长具有重要作用（Kimetal，2006；Seetanah，2011），越来越多的国家倾向于把视线投向能带来地区经济增长的旅游业上。

1.1.2　交通的快速发展

作为能够联系旅游客源地和目的地的桥梁——交通，对于旅游业的影响不容小觑。从世界旅游强国的发展来看，良好的交通设施对实现旅游强国有着极大的推动作用。近年来，发展较快的高铁具有运量大、运输效率高、速度快、便捷、准时、舒适等特点，大大促进了区域旅游业的快速发展。尤其是对短途旅游而言，高铁不仅能有效降低交通的时间成本，还能缩减在目的地的食宿成本。而且，在不改变实际空间距离的情况下，高铁能够极大地缩短两地之间的感知距离。游客选择交通方式往往会从旅游交通成本来考虑，而这一成本既有时间成本，也有费用成本。交通设施的革新与进步大幅降低了从客源地到目的地之间所花费的时间成本，因此成了旅游者利益最大化的一大影响因素。从游客出游能力看，不仅需要出游动机，还需要可自由支配的收入和闲暇时间。从游客作为理性经济人的角度出发，旅游的最大效益原则就是让旅游者在假日制度下的闲暇时间内，在目的地逗留时间越长，游客能获得的旅游效用越大；反之，则相反。游客对旅游地点的感知距离取决于旅游目的地与客源地之间的时间距离，与此同时，感知距离也对景区的吸引力产生影响，进而成为影响旅游客流时空分布特征的重要因素。由此可见，交通技术的迅猛发展对增加旅游效用与景区的吸引力具有重要作用。

长期以来，中国一直在国家和地方层面实施国土空间规划，以实现经济和社会发展的目标。随着时间的推移，国土空间发展规划和政策也在不断演变，为高铁在我国的投资兴建奠定了基础。

自改革开放以来，实现全国协调性均衡发展一直是中央政府的政策目标。中国将各省级行政区域划分为四大区域，即东部、中部、西部和东北部。多年来，国务院启动了一系列举措，旨在加强地区快速发展，并促进欠发达或衰退地区的经济和社会发展。这些措施包括开发中国西部、振兴东北工业基地和崛起中国中部（CPGPRC，2000；2004；2006），以达到长期政策所努力追求的不同规模城市均衡发展。2000年以前，国家城市发展政策旨在"严格控制大城市，适度发展中等城市，积极推进小城镇建设"（Kamal-Chaoui 等，2009）。2000年后，政策重点转向促进所有规模城市的协调发展，并逐渐采用了"城市圈"的概念，类似于美国体系中的"大都市圈"。每个城市圈包括一个中心城市，通常是一个大城市或特大城市，以及其影响范围内的较小城市。在最近更新的国家空间发展倡议中，城市圈的概念演变为"城市群"，其中城市群区域包括多个先前定义的城市圈。国家空间发展倡议中提出的目标是促进"新型城市化"，保护农田和生态敏感区，同时将未来城市化集中在一系列精心划定的大都市区域（NPCC，2016）。

了解国务院如何指定城市地位有助于更好地了解城市群区域的空间结构和高铁路线。中国城市行政等级将城市划分为四个层级：直辖市、副省级、地级和县级城市。中央政府直接管理的四个直辖市包括北京、天津、上海和重庆。它们的行政地位相当于省。省会城市大多为副省级城市，但根据其发展状况，有一些仍处于地级城市层级。一般地，市政府所在的城市是地级城市。大多数县政府所在的城市是县级城市。一些具有特殊经济或政治意义的县可以被授予地级市地位。众所周知，城市地位很重要，因为它是资源分配的重要因素，包括高铁规划的网络路由。由于人口和经济增长或管辖权变更，城市地位可能会随着时间的推移而改变。

高铁建设投资是国家基础设施发展计划的一部分，以支持上述国家空间政策和倡议的实施。《中长期铁路网规划（2004年）》旨在连接省会城市和其他主要城市（CGCPRC，2005）。2008年国务院发布中国经济刺激计划以应对全球经济衰退后，高铁发展加速（国家发展和改革委员会，2009）。随着国家高铁网的形成，高铁网络扩展到连接全国各地的地县级城市。2016年，国务院再次更新了《中长期铁路网规划》，该规划指出支持各地区的发展和增长一直是促进经济增长和区域协调发展的重要目标。

作为"交通革命"的一个重要产物和世界"交通进化史"的一块里程碑——高铁，在解决大通道上大量旅客快速输送的问题方面，成了最有效、最重要的途径。游客的出行半径也因此逐渐扩大，出行频率也增加，这大大促进了旅游的进一步发展。高铁所产生的"时空压缩"效应，使旅客在时间距离不变的情况下，扩大了其出行范围，这也极大地促进了旅游的进一步的发展。

铁路历来就是关系到民生福祉的大工程，同时也是国民经济的大动脉。高铁更是顺应科技进步、经济高速发展和社会迫切需求出现的时代产物。图1.1是中国高铁年度通车里程图。

图 1.1　中国高铁年度通车里程图

过去20多年，中国铁路经历了从学习国外优秀技术经验到尝试自我研发创新突破，再到如今处于世界领先水平。20世纪90年代初期，连接我国最核心的金融中心和政治中心的京沪铁路运力严重不足，严重影响两地经济的往来和沟通，这直接促使国内第一次正式地提出兴建高铁的计划。2003年，中国人自己研究设计、施工建成的首条"准高铁"——秦沈客运专线，是中国高铁建造史上的探索性工程。2004年确立以"四纵四横"为全国高铁建设的重点；2008年，完全使用国内知识产权的京津城际铁路正式运行，是世界上第一条能够达到350 km/h的铁路。这意味着中国高铁技术实践已经达到国际领先水平。2010年，全长1318公里连接我国经济都相当发达的京津冀和长三角经济区的京沪高铁正式开通。2016年的《中长期铁路网规划》提出了构建全国"八纵八横"高铁网。2017年12月，"四纵四横"高铁网完美收官。2021年末，全国已建成高铁4.1万公里，占全世界高铁里程的三分之二以上，连续数年蝉联世界第一。

1.1.3　高铁推动区域旅游发展

运输成本是区域经济活动空间集聚的重要影响因素。早在18世纪，英国经济学家亚当·斯密就指出，在一切变革与改良中，最为有效的改良方式是交通运输的改良；美国学者艾萨德也指出，在经济生活的一切创造革新中，运输工具在促进经济活动和改变工业布局方面具有最普遍的影响力。

交通的发展是经济增长的基础，每一次交通的改良都会带来社会经济结构的全面革新。由于交通是经济脉络的重要一环，而旅游业又恰恰是基于流动的、变化的产业，因此受到交通的影响更大。研究表明，改革开放以来中国交通运输业和旅游业发展有强相关性关系，旅游业的发生、发展乃至形态演进、格局奠定、效率提升，无不是现代交通强力推动的结果。旅游发展中亘古不变的规律便是交通方式决定了旅游的方式。古代的出行方式主要是步行或马车，15世纪受益于造船与航海技术共同发展，才有了郑和下西洋的壮举，以及地理大发现带来的轮船业繁荣。但对普通民众来说，旅行仍然还很遥远，直至1825年，铁路的横空出世开启了大众旅游的新时代，自此近代旅行社登上了历史舞台。

旅游对于普通民众而言不再是可望不可即的生活方式，而是逐渐从贵族化演变成平民化的生活方式。1950年，世界航空旅游时代开启，越洋旅游的现代格局也从那一刻埋下伏笔。1964年，日本建成世界第一条高速铁路，正式拉开了高铁时代的序幕。此后，很多国家也争相加入高铁建设的行列，世界旅游业格局受此影响，再次为之一变。在历经几次世界变局之后，旅游版图不断扩大的同时也推动着世界交通格局不断变化，旅游发展的新业态、新格局层出不穷，推动了旅游需求的增长。一定程度上，我们可以认为交通是旅游业第一推动力。

旅游活动是游客在客源地和旅游目的地之间区域流动。旅游六要素"吃、住、行、游、购、娱"中最为关键的是"行"。交通基础设施是去往旅游目的地的重要影响因素，交通在"行"中发挥联系两地间媒介以及产生旅游活动的作用。尤其是高铁的出现，成为旅游业进步与发展的不竭动力和全新动能。

高铁的发展是交通运营的全新模式，具有强大的重塑交通系统的能力，越来越多研究旅游的学者开始关注高铁对区域旅游的影响。高铁的开通不仅在很大程度上改善了旅游目的地的可达性，还深刻影响了旅游目的地的空间结构，能够为旅游目的地带来更大的旅游客流，转变旅游者行为模式与旅游产品需求结构，增强旅游目的地吸引力，加快沿线城市旅游产业的发展。此外，高铁开通后，原先习惯选择其他交通工具的游客逐渐开始选择乘坐高铁作为其出行方式，增加了高铁旅行的需求受众，即高铁能够满足游客新的旅游需求。高铁还给了旅游者更多旅游目的地的选择、更多的旅游动机，并且增加游客高铁出行到访周边城市的旅行的频率。总之，高铁对推动区域旅游发展大有可为。

发展旅游业的一大前提之所以是交通基础设施，很大程度上是因为即使拥有丰富的旅游资源，但现代交通方式无法到达的区域很难成为旅游目的地。也就是说，没有良好交通设施和通达性的旅游目的地就如同海市蜃楼，尽管人们对其有无限憧憬却不能身临其境以窥其全貌。国内外研究交通的学者曾一致提出，良好的交通设施是一个国家发展为世界旅游强国的强力推动器。毋庸置疑，一个拥有良好交通系统的国家往往被认为是一个旅游目的地。铁路、公路、水路、航空等交通运输方式的发展使人们实现更加方便出行的同时也降低了出行的成本。目前，我国已经形成了世界最大的高铁运输网络，有效缩短了各地的时间距离，不断降低了个体的出行成本，从而改变了城市间的空间结构联系和促进了城市发展水平。高铁作为区域资源要素转移的主要交通手段之一，可有效地促进区域间的沟通联系。

1.2 研究意义

有关高铁对于旅游产业的影响的研究在学术界中一直存在争议讨论。一方面，本书对高铁网络影响旅游空间分布的研究引入了"地理第一天性"的Zipf

法则，将突破现有研究的局限，有利于从理论上解决这些争议问题；另一方面，本书将以高铁网络的新经济地理因素、高铁网络的技术因素和高铁网络的政策因素作为主要研究路径，研究高铁网络如何影响旅游空间分布，深化新经济地理学理论在旅游学科的拓展应用。

1.2.1 理论意义

近些年，旅游业作为国民经济战略性支柱产业的地位更加稳固。自20世纪90年代中期以来，旅游业逐渐成为我国经济社会发展的重要支柱产业之一，随着我国第一条高铁的开通，高铁在旅游上起到的作用及其关联性受到了我国旅游研究学者们的广泛关注。随着全域旅游时代即将到来，对区域旅游发展提出了更高更稳要求，关注区域旅游发展有重要的意义，本书通过使用区域中观层面数据进行高铁对旅游发展的研究，为解析高铁开通对全域旅游发展影响提供了一种新的研究手段和途径。基于定性研究在此领域的广泛运用，本书使用双重差分模型来研究高铁的开通对区域旅游发展的影响，以此作为前人学者普遍使用定性的研究方法的补充。此外，有关高铁的内生性问题也是学界内一直存在争议的话题，部分学者认为高铁内生性的存在会对研究结果造成干扰偏误的影响，本书运用工具变量方法验证外生变量高铁确实具有内生性，排除其内生性干扰后高铁的开通仍能够对区域旅游流产生促进作用，是科学实践验证可行的方法。本书还探讨了高铁对旅游发展影响的间接效应，这无疑为高铁旅游影响理论提供了新的观点。

同时，本书参考分析了大量文献观点。首先，系统梳理了高铁建设与旅游发展之间的联系，整合与归纳了高铁建设对旅游发展可能产生的不同影响，发现高铁开通对旅游业具有滞后性、推动性、差异性三种效应，并非一概而论的促进作用。其次，将高铁建设对旅游业结构分布的影响及其内在机理机制进行深入探讨，利用Zipf法则对旅游分布进行测算，并构建出测算模型，设计了Zipf法则测算旅游分布的相关方法，为旅游分布的测算方法提供了新思路和新方法，丰富了Zipf法则在旅游及其相关方面研究的应用，填补了之前缺失的Zipf法则在旅游分布的测算研究的空白。最后，将Zipf法则在旅游领域的应用与Zipf法则在企业规模、城市经济以及人口等方面的应用进行比较，归纳出Zipf法则在旅游方面的规律及机制，对Zipf法则的应用与理解进行了补充，弥补了Zipf法则在旅游研究与应用方面的不足。

1.2.2 现实意义

我国在高铁运营的里程数方面位居世界第一，国内已基本形成了高铁网络的交通布局。由于高铁的开通，人们的出行方式产生了深刻的变革，对于旅游产业的发展格局更是产生了深刻的影响和变化。高铁的开通改变了人们的出行方式，影响客源市场空间格局，深刻影响和改变着旅游产业的发展格局。本书将结合高铁网络的建设预测未来旅游空间布局的演化趋势和方向，对推动旅游产业及相关行业的全面发展具有重大意义。

随着"四纵四横"高速铁路网的建成和"八纵八横"高速铁路网建造的推进，全国各省际以及区域之间的高铁通达度的提高，正向促进了旅游流的集聚和扩散，增进区域间旅游合作，助力旅游经济发展，是供给侧改革实施中的重要举措。高铁的建设和旅游业绿色发展都是当前国家建设的重中之重，研究论证在总体上有助于更好地规划高铁下一步建设，进而有方向地探索和开发不同区域之间的旅游资源，有利于旅游禀赋的提高和经济效益的增加，为区域发展高速铁路旅游提供思路。

目前，我国高铁网络建设正处在高潮期，国家大力推行城市群高铁网络的科学性建设规划，本书的结论验证了全国高速网络建设大方向的正确性；更进一步地，本书整合了高铁建设对旅游业的影响，并对高铁建设背景下，旅游的发展规律以及结构分布进行探讨，希望能够对之后城市群交通系统性提供建设性意见，减少各交通方式重复建设、资源浪费等问题；本书还分析了全国层面上旅游业的发展现状，对区域旅游平衡交通和旅游之间相互促进作用提供指导性建议，提出旅游业更加高效、科学的发展路径，也对高铁布局以及投资建设产生现实指导意义。

1.3 研究技术路线

本书的技术研究路线如图1.2所示。

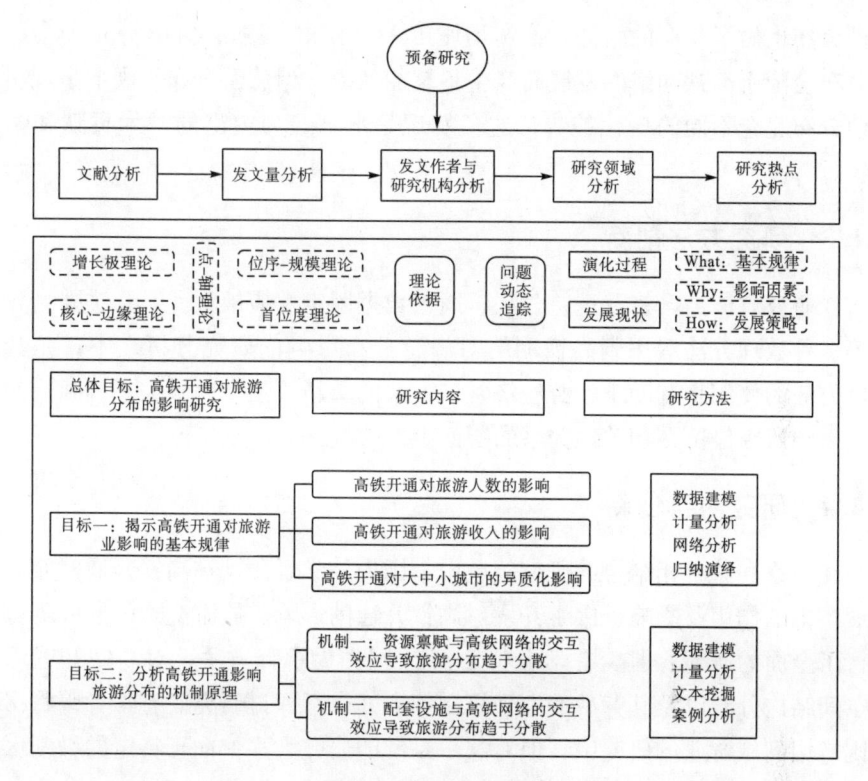

图 1.2　技术研究路线

1.4　研究创新

1.4.1　研究思想创新

在学术思想上，按照结构主义的思路，关注高铁网络对旅游分布的影响，提出高铁网络不仅会影响旅游总量，还会影响旅游结构；而旅游分布是旅游结构的重要表现形式。通过研究高铁网络从不同路径对旅游分布的影响机制，构建高铁网络对旅游分布影响的理论体系。

1.4.2　研究观点创新

在学术观点上，提出高铁网络将会对我国旅游分布产生分散化的影响，这与新经济地理学的观点有差异，新经济地理学认为集聚是高铁网络演化的常态。而本书对城市人口分布、城市 GDP 分布，甚至与旅游关联度较大的会展规模分布也做了相应的验证，证实了城市人口分布、城市 GDP 分布和会展规模分布会随着高铁网络的发展而产生集聚的效果。但旅游分布客观上呈现出与其他分布完全不同的变化趋势，这一发现是本书最为突出的学术贡献和学术创新。

1.4.3 研究方法创新

在研究方法上，将双重差分法、面板数据固定效应模型、Zipf 法则测算方法等多种数理方法运用到高铁网络对旅游分布影响的研究分析之中，尤其是 DID 方法的使用将有助于旅游经济领域方法的革新，强调因果关系判断，而不仅仅是将研究停留在相关性关系的层面上。

1.4.4 研究内容创新

在高铁和旅游相结合的研究领域中，国内外学者分别在高铁开通对旅游业发展产生的作用及影响、旅游开发对高铁开通的影响、旅游交通的发展等方面进行了全面的研究，但少有学者将 Zipf 法则作为解释方法，对高铁开通后旅游空间结构分布以及其背后的原理机制等方面进行探讨研究。有学者曾将 Zipf 法则应用到旅游业的研究中，但对这一系统的研究大多偏向于特定的微观区域以及旅游流方向，且对旅游收入、游客量的研究较少涉及。同时，以"高速交通""旅游""高铁""Zipf 法则""旅游"为关键词在中国知网（CNKI）上进行高级检索，在检索出的几十篇文章中，未发现有同时研究高铁、旅游分布、Zipf 法则的文章。本书探究高铁这一高速交通系统对旅游产业的作用及影响，尤其是利用首位度理论、边缘－核心理论等多种理论作为支撑，对旅游结构分布产生的影响及其机制原理进行重点探究，也契合了目前国家大力建设快速交通的政策导向。与此同时，高时速的交通方式势必会成为未来影响区域经济和旅游业的重要因素之一，研究 Zipf 法则在高铁旅游方面的应用及其机理机制对了解高铁与区域旅游之间的联系有着重要作用。

第 2 章 文献分析

2.1 研究方法与数据来源

2.1.1 数据来源与数据处理

自 20 世纪 60 年代高铁诞生以来，几十年间，高铁作为一种现代运输技术，在全世界各地区均得到了迅速的发展。这使得国内外学者对"高铁旅游"这一领域开展了大量研究。因此，本书以中国知网和 WoS（Web of Science，WoS）为数据库，采用 CiteSpace 软件绘制作者、机构和关键词等数据的可视化知识图谱，对"高铁旅游"领域已有研究文献进行具体分析。

在对中国知网中的文献数据进行检索时，以 CNKI 学术期刊为数据来源，以北大核心、CSSCI、CSCD 来源期刊为文献来源，以"高铁"和"旅游"为文献主题，进行高级检索，剔除与本书研究不符的检索条目，最终得到样本文献共 277 条，检索截止时间为 2022 年 12 月 1 日；在对 WoS 中的文献数据进行检索时，以"high-speed rail"与"tourism"为主题，以 WoS 核心合集为数据来源，排除会议记录、在线发表、社论材料、综述论文和其他文献类型，以论文为文献类型进行检索，得到 138 篇英文文献，检索截止时间为 2022 年 12 月 12 日。

2.1.2 研究工具与研究方法

笔者主要通过运用 CiteSpace6.1.R4 对本书的研究样本源进行可视化知识图谱的呈现，并通过对发文量、作者、机构、关键词等数据的处理，利用 CiteSpace 关键词聚类、关键词突现等功能分析"高铁旅游"研究的主题与方向，梳理其研究脉络和研究热点。

2.2 发文量分析

2.2.1 国内高铁旅游领域文献发布分析

历年文献发文量反映了高铁旅游研究领域的理论水平和发展速度，由国内高铁旅游领域发文量（图 2.1）可知，国内对高铁旅游的研究起步较晚。在本书的研究样本中，高铁旅游领域的文献最早发布于 2009 年，是王新军教授发表的。该文章通过将可达性概念引入高铁旅游的研究中，探讨京沪高铁对鲁西南地区沿线城市的影响。

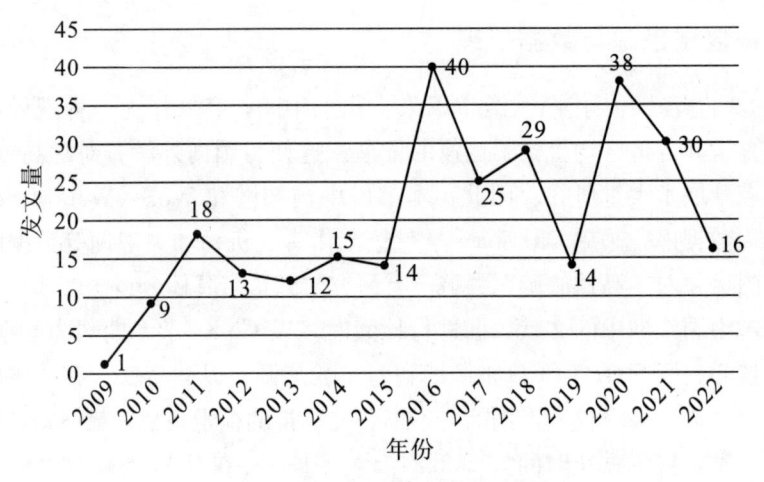

图 2.1 国内高铁旅游领域发文量

2009—2011 年处于高铁旅游领域研究的起步阶段，虽然文献发布量呈现上升趋势，但发文量总体依然较少，发文总数为 28 篇，平均每年 9.33 篇。2011 年 6 月 30 日京沪高铁的全线通车，标志着中国铁路正式进入"高速时代"，而高铁的建成使得旅游业的交通方式改善、交易成本降低，国内学者也对高铁旅游这一领域逐步重视起来，在 2011 年达到小高峰之后的 4 年里，国内高铁旅游领域发文量逐步趋于稳定，并于 2016 年达到增长顶峰，当年国内文献发布量达 40 篇，是近 14 年研究中的文献发布量最高峰，国内高铁旅游研究领域迎来研究热潮。2012—2016 年，高铁旅游领域文献发布量共计 94 篇，年平均发文量为 18.8 篇，相较于 2009—2011 年，年平均发文量增长率达 102%。

2016 年之后，发文量呈波动增长态势，尽管文献发布量相比于 2016 年的高峰明显下降，但由于《国民经济和社会发展第十三个五年规划纲要》的制定与开展，我国高铁技术得到迅速发展，高铁网络逐步形成，对于高铁旅游领域的研究力度逐渐加大，2017—2019 年，高铁旅游领域文献发布量共计 68 篇，年平均发文量为 22.67 篇，是 2012—2016 年平均发文量的 1.21 倍，文献发布数量逐步趋于稳定。2020 年，正值"十三五"规划即将完成之际，国内高铁旅游领域研究迎来又一个高峰，当年文献发布量为 38 篇，和前一年相比，发文量增长率为 171％。在这之后的 2021 年国内发文量为 30 篇，2022 年前 11 个月共发表 16 篇论文，2020—2022 年，发文量共计 84 篇，平均每年发布 28 篇，依据当前发文趋势可知（图 2.1），2009 年以来，我国高铁旅游领域研究的发文量总体呈上升态势。

2.2.2 国外高铁旅游领域文献发布分析

在高铁旅游领域的研究，国外起步远早于国内，在本书的研究样本源中，国外高铁旅游领域的文献最早发布时间为 1987 年，由 Fons Savelberg 和 Hans Vogelaar 发表，是对国际高速线路的开通可能引起的旅行需求的研究。

由图 2.2 可知，1987—2013 年，国外有关高铁旅游领域的文献发表较为分散，其发表年份与发文量分别为 1987 年发表 3 篇、1994 年发表 2 篇、2000 年发表 1 篇、2010 年发表 1 篇、2011 年发表 1 篇，平均每年发表 0.31 篇。在这 27 年里，国外高铁旅游领域研究的发文量较少，且发文时间较为分散，上述数据表明，这段时间是国外高铁旅游领域研究的起步阶段，究其原因是，20 世纪 70 年代，在石油危机的影响下，高铁从无到有，发展迅速，并在世界主要发达国家不断推动下高铁建设进入高潮期，高铁网络也逐步扩建和完善，使得国外学者开始关注高铁旅游这一研究领域。

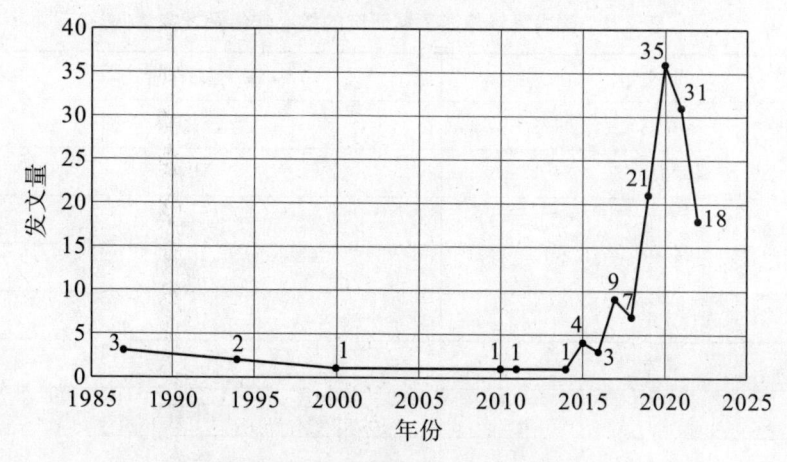

图 2.2 国外高铁旅游领域发文量

2014年之后的每一年，国外高铁旅游领域均有文献发表，且发文量呈现波动增长的趋势，并于2020年达到发文量的峰值，当年发表文献36篇。2014—2022年，国外高铁旅游领域的文献发布量共计130篇，平均每年发表14.44篇，相较于前27年，发文量呈指数级增长。究其原因是，一些发达国家的高铁建设转型出现问题，且随着经济全球化的进一步发展，中国高铁技术的出口对海外其他国家高铁市场造成了一定的冲击，使得高铁旅游领域的研究进一步引起国外学者的关注与重视。

2.3 发文作者与研究机构分析

2.3.1 国内高铁旅游领域发文作者分析

通过对高铁旅游领域文献作者进行共现分析，可以梳理出该研究领域的核心作者群及研究学者之间的合作关系。根据普赖斯定律，核心作者的最低发文量应是发文量最多的作者发文数量平方根的0.749倍，公式$M=0.749\sqrt{N_{\max}}$，其中，$N_{\max}$是最高发文量作者的发文数量，M为核心作者的最低发文数量。基于此，可以识别出该领域研究的核心作者。在本书的研究样本源中，国内高铁旅游领域发文量最多的作者是汪德根，其发文量为13篇，所以$M=2.70$，即发表3篇及以上论文的作者为核心作者。由表2.1可知，发文量在3篇及3篇以上的作者有18位，核心作者的发文量总和为80篇，占研究样本源277篇的28.88%，说明国内高铁旅游领域研究的核心作者群并不稳定。

表2.1 国内高铁旅游领域研究的核心作者及发文量

发文量	核心作者
13	汪德根
9	陆林
5	吴晋峰
4	于秋阳
4	吴宝清
4	孔令章
4	张辉
4	李磊

续表

发文量	核心作者
4	殷平
4	牛玉
4	王绍博
3	孙小龙
3	张自强
3	曾祥静
3	王新越
3	胡北明
3	郭建科
3	陈田

运用 CiteSpace 软件对核心作者进行共现分析,得到作者的合作网络图谱(图 2.3)。作者合作网络分析共形成了 318 个节点和 245 个连接,总体来看,大部分作者均与其他研究者有过合作,现有合作较为紧密,主要形成了汪德根、陆林、孔令章、王绍博和郭建科、吴晋峰和吴宝清等为中心的研究网络,但核心作者群之间的联动较少,因此未来相关研究者应当做好科研合作,共同促进高铁旅游领域研究的创新发展。

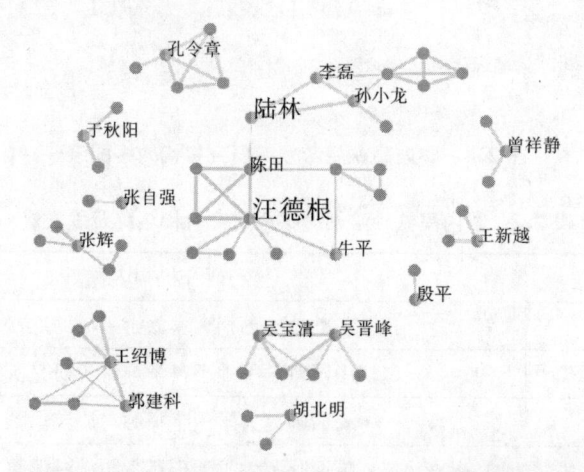

图 2.3　国内高铁旅游领域研究核心作者合作网络图谱

2.3.2 国内高铁旅游领域研究机构分析

对本书研究样本源进行分析可知,在国内高铁旅游领域中,发文量最多的研究机构是苏州大学旅游系,共发表 15 篇文献,可得 $M=0.749\sqrt{15}=2.90$,即发文量为 3 篇及以上的研究机构为该研究领域的核心机构。通过表 2.2 中的数据可以发现,高铁旅游领域的核心研究机构主要是各大高校中与旅游、经济、管理及地理相关的院系。运用 CiteSpace 软件对本书研究样本源进行研究机构网络图谱的制作,如图 2.4 所示,图中共出现 243 个节点和 147 个连接,研究机构网络较为集中,大部分研究机构间均有连线,这表示大部分研究机构间均有过研究合作。对各研究机构所在地域进行分析,可以发现大部分研究机构集中在我国中部和东部地区,西部地区由于高铁建设较为薄弱,对于高铁旅游领域的研究较少。

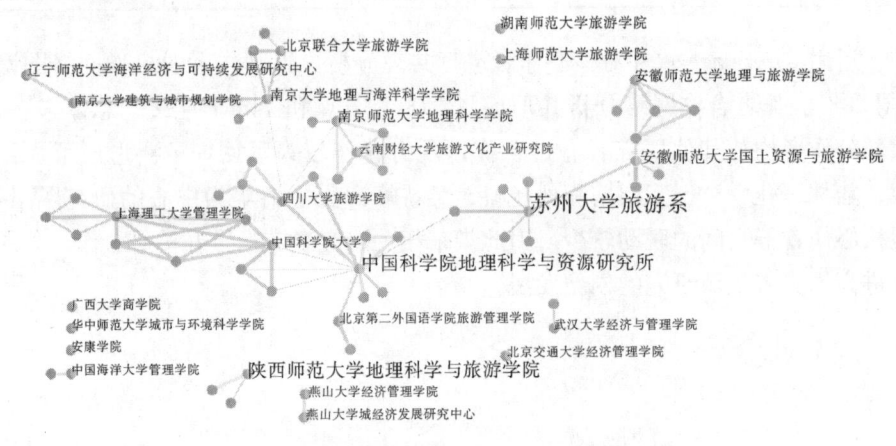

图 2.4　国内高铁旅游领域研究机构网络图谱

表 2.2　国内高铁旅游领域核心研究机构名称及发文量

发文量	核心研究机构名称
15	苏州大学旅游系
11	中国科学院地理科学与资源研究所
8	安徽师范大学国土资源与旅游学院
7	陕西师范大学地理科学与旅游学院
6	南京大学地理与海洋科学学院
5	南京师范大学地理科学学院

续表

发文量	核心研究机构名称
4	燕山大学经济管理学院
4	中国海洋大学管理学院
4	北京交通大学经济管理学院
4	湖南师范大学旅游学院
4	辽宁师范大学海洋经济与可持续发展研究中心
4	北京第二外国语学院旅游管理学院
4	安康学院
3	南京大学建筑与城市规划学院
3	四川大学旅游学院
3	燕山大学区域经济发展研究中心
3	武汉大学经济与管理学院
3	云南财经大学旅游文化产业研究院
3	北京联合大学旅游学院
3	华中师范大学城市与环境科学学院
3	广西大学商学院
3	上海理工大学管理学院
3	安徽师范大学地理与旅游学院
3	上海师范大学旅游学院
3	中国科学院大学

2.3.3 国外高铁旅游领域研究发文作者分析

表2.3是国外高铁旅游领域研究的核心作者及发文量。由表可知,国外高铁旅游领域研究中发文量最高的作者为Pagliara Francesca,共计发表7篇文献。因此,可求得$M=0.749\sqrt{7}=1.98$,即发文量大于等于2的作者为核心作者。

运用CiteSpace软件对来自WoS的文献进行可视化图谱制作,如图2.5所示,得到核心作者合作网络图谱。在该合作网络中,共出现170个节点和158个连接,由此可见,国外高铁旅游领域中的大部分学者均与他人有过合作研究,但总体来看，研究者之间仍较为分散，并没有形成明显的合作网络。

表 2.3 国外高铁旅游领域研究的核心作者及发文量

发文量	核心作者	发文量	核心作者
7	Pagliara Francesca	2	Li Taohong
6	Gao Yanyan	2	Anton clave Salvador
5	Li Mingwei	2	Lopez-valpuesta Lourdes
4	Gutierrez Aaron	2	Khan Syed Abdul Rehman
4	Su Wei	2	Chen Zhenhua
4	Chen Juan	2	Cavallaro Federico
3	Luis Campa Juan	2	Chen Qian
3	Eugenia lopez-lambas Maria	2	Nazneen Shama
3	Mauriello Filomena	2	Albalate Daniel
3	Castro-nuno Mercedes	2	Wang Degen
3	Qian Jia	2	Deng Taotao
3	Castillo-manzano Jose	2	Niu Yu
3	Guirao Begona	2	Zarzoso Alvaro
2	Gan Chen	2	Arce Rosa
2	Din Nizam Ud	2	Hong Xu

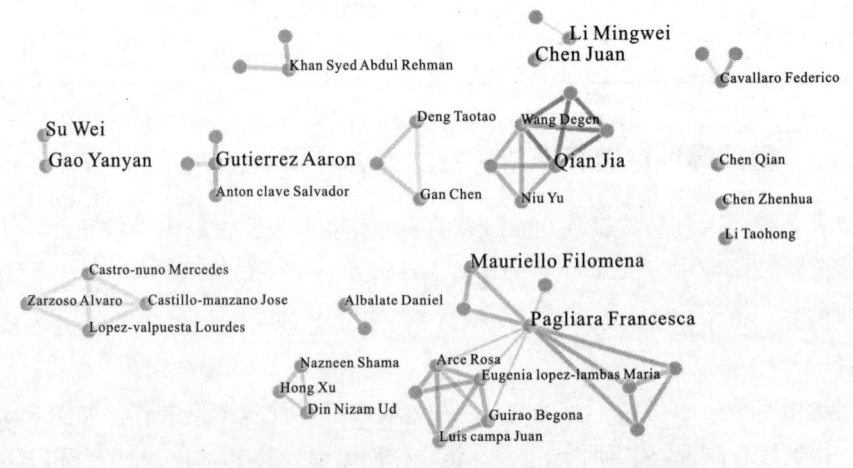

图 2.5 国外高铁旅游领域研究核心作者合作网络图谱

2.3.4 国外高铁旅游领域研究机构分析

表 2.4 是国外高铁旅游领域核心研究机构名称及发文量。由表可知，国外高铁旅游领域发文量最多的研究机构为 Univ Naples Federico Ⅱ，其文献发布量为 7 篇。基于此，可以求得 $M=0.749\sqrt{7}=1.98$，即发文量大于等于 2 的研究机构为核心机构。而国外高铁旅游领域研究的核心机构主要是科研机构与高等院校。

使用 CiteSpace 软件对本书样本源进行研究机构可视化网络图谱制作，如图 2.6 所示，图中共出现 134 个节点和 129 个连接，机构网络图谱的分布已出现一定的集聚趋势，说明国外高铁旅游领域的研究成果主要集中于少数研究机构。但总体来说，核心研究机构的合作网络图谱仍较为分散，并没有形成明显的合作网络。

表 2.4 国外高铁旅游领域核心研究机构名称及发文量

发文量	核心研究机构	发文量	核心研究机构
7	Univ Naples Federico Ⅱ	2	Natl Cheng Kung Univ
6	Sichuan Univ	2	Renmin Univ China
5	Chinese Acad Sci	2	Univ Seville
5	Southeast Univ	2	East China Normal Univ
5	Xinyang Normal Univ	2	Sun Yat Sen Univ
5	Univ Politecn Madrid	2	Nanjing Normal Univ
5	Beijing Jiaotong Univ	2	Rovira & Virgili Univ
5	Zhongnan Univ Econ & Law	2	Montclair State Univ
4	Nanjing Inst Tourism & Hospitality	2	Consortium Publ Transport Camp Tarragona
4	China Univ Geosci	2	Tongji Univ
3	China Univ Min & Technol	2	Anhui Normal Univ
3	Nankai Univ	2	Karakoram Int Univ
3	Soochow Univ	2	Tsinghua Univ
3	Univ Florida	2	Southwest Jiaotong Univ
2	Shandong Univ Finance & Econ	2	Changan Univ
2	Univ Barcelona		

图 2.6　国外高铁旅游领域研究机构网络图谱

2.4　研究领域分析

2.4.1　关键词聚类分析

　　文献的关键词是对文章主题的高度凝练和概括，关键词聚类图谱则可表明该领域的不同研究关注点。本书运用 CiteSpace 软件分别对国内外高铁旅游领域文献的关键词进行知识图谱的绘制，为后续研究奠定基础。

　　运用 CiteSpace 软件对来自中国知网的 277 篇文献数据进行转化与分析，得到国内高铁旅游领域的关键词聚类图谱，如图 2.7 所示。图中的 12 个标签代表 12 个聚类标签，分别是高速铁路、旅游流、高铁、影响、可达性、旅游产业、旅游经济、旅游资源、"快适度"、中国、旅游交通和交通。每个聚类的标签都是共现网络中的关键词，序号的数值越小，说明该聚类中包含的关键词越多；反之，数值越大，说明该聚类中的关键词越少。该图谱中大多数连线都在聚类内部，但仍存在一些跨聚类的连线，其中♯3 影响、♯5 旅游产业与♯6 旅游经济的跨聚类连线较多，说明这些研究方向的共被引程度较高。究其原因，则是我国进入"高铁时代"，高速铁路技术迅速发展，推动了"京津冀"等城市圈的形成与发展，带动沿线城市旅游产业及旅游经济的不断发展。

　　表 2.5 是国内高铁旅游领域关键词聚类表。由表 2.5 可知 12 个聚类标签下所包含的具体关键词。在前三个聚类标签中，♯0 高速铁路聚类标签包含的关键词为高速铁路、城市居民、阻碍协商策略、仿真、城际出行、旅游行为、京津冀都市圈；♯1 旅游流聚类标签包含的关键词为旅游流、高铁效应、京沪高铁、异质性、影响因素、时间距离、黄金出游空间、圈层结构、区位优势；

第 2 章 文献分析

♯2高铁聚类标签包含的关键词为交通格局、空间格局、旅游经济联系、长三角、交通、高速铁路、经济增长、旅游地域系统、西部中小城市、生态效应、西北地区。

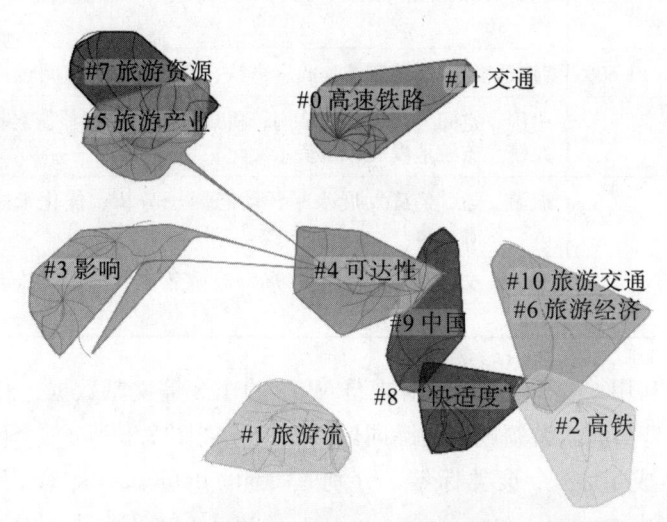

图 2.7 国内高铁旅游领域的关键词聚类图谱

表 2.5 国内高铁旅游领域关键词聚类表

序号	频次	中心性	关键词
0	23	0.994	高速铁路、城市居民、阻碍协商策略、仿真、城际出行、旅游行为、京津冀都市圈
1	23	0.984	旅游流、高铁效应、京沪高铁、异质性、影响因素、时间距离、黄金出游空间、圈层结构、区位优势
2	22	0.915	高速铁路、交通格局、空间格局、旅游经济联系、长三角、交通、经济增长、旅游地域系统、西部中小城市、生态效应、西北地区
3	22	0.913	影响、对策、旅游业、高速铁路、旅游、区域经济、旅游承载力、南京、洛阳旅游、旅游开发
4	20	0.930	可达性、双重差分、兰新高铁、旅游、高铁、历史文化名城、城市经济、区域异质性、吉珲高铁、国内游客
5	19	1.000	旅游产业、高铁时代、影响、影响机制、增长极、策略、战略思考、张家口
6	18	0.926	旅游经济、旅游空间结构、长三角、空间结构、环渤海、旅游格局、地级市、溢出效应、旅游空间结构转型、湖南省

21

续表

序号	频次	中心性	关键词
7	16	0.950	旅游资源、旅游发展、机遇、民族地区、整合、健康休闲旅游、济宁市
8	13	0.899	"快适度"、消费需求、武广高铁、交通工具、空间转移
9	12	0.919	中国、空间分布、空间结构、机理、特色景观旅游名镇名、交通系统、旅游地发展、格萨尔文化
10	8	0.955	旅游交通、经济发展水平、动态因子分析、优化策略、武陵山区、旅游城市
11	7	0.955	交通、交旅融合、协调格局、旅游效率、都市圈旅游、长三角地区

同样，利用 CiteSpace 软件对来自 WoS 的 138 篇文献数据进行转化与分析，得到国外高铁旅游领域的关键词聚类图谱，如图 2.8 所示。图中的 10 个标签代表生成了 10 个聚类标签，分别是 costa daurada、spain、high-speed rail、inbound tourists、economic impacts、high-speed rail network、slow travel、difference in differences、Switzerland、involvement。基于此，可以发现，在地域上，国外高铁旅游领域的研究主要集中于对西班牙高铁及旅游业的研究。该图谱中跨聚类连线明显多于国内高铁旅游领域的关键词聚类图谱，说明在国外高铁旅游领域研究中，各研究方向的共被引程度很高，不同研究方向之间的交融也较强。

表 2.6 是国外高铁旅游领域关键词聚类表。由表 2.6 可知 10 个聚类标签中所包含的具体关键词。在前三个聚类标签中，♯0 costa daurada 聚类标签包含的关键词为 high-speed rail、costa daurada、public transport、peripheral railway station、tourism mobility impact、regional tourism、demand、destination、international tourism；♯1 spain 聚类标签包含的关键词为 tourism demand、nuts-3 regions、gastronomy tourism、michelin-starred restaurants、world heritage sites|high-speed rail、tourism revenue、fuzzy-set qualitative comparative analysis、tourist arrivals、transportation connectivity strategy；♯2 high-speed rail 聚类标签包含的关键词为 high-speed rail、modal competition、nonlinear regression、transportation connectivity strategy、tourism development|regional tourism、demand、destination、international tourism、competition。

#7 difference in differences
#3 inbound tourists
#2 high-speed rail
#4 economic impacts   #0 costa daurada
#8 Switzerland
#1 spain
#5 high-speed rail network
#9 involvement
#6 slow travel

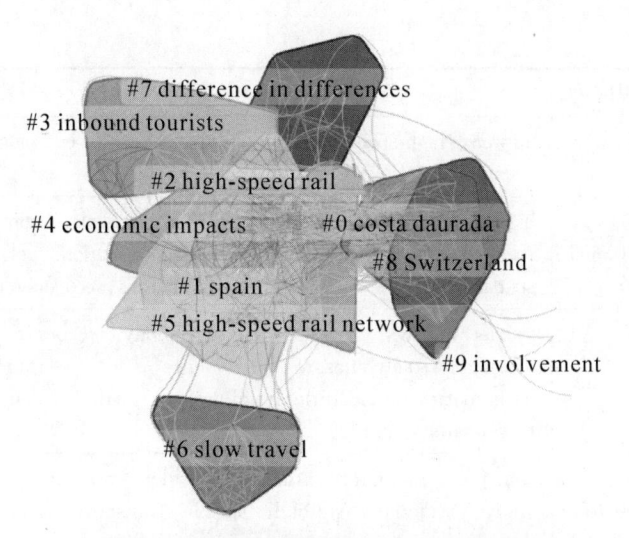

图 2.8　国外高铁旅游领域关键词聚类图谱

表 2.6　国外高铁旅游领域关键词聚类表

序号	频次	中心性	关键词
0	32	0.868	high-speed rail、costa daurada、public transport、peripheral railway station、tourism mobility impact、regional tourism、demand、destination、international tourism
1	29	0.75	tourism demand、nuts-3 regions、gastronomy tourism、michelin-starred restaurants、world heritage sites｜high-speed rail、tourism revenue、fuzzy-set qualitative comparative analysis、tourist arrivals、transportation connectivity strategy
2	27	0.821	high-speed rail、modal competition、nonlinear regression、transportation connectivity strategy、tourism development｜regional tourism、demand、destination、international tourism、competition
3	24	0.852	tourism economy、inbound tourists、propensity score、tourism marketing、regional differences｜high-speed rail、policy evaluation、spatial heterogeneity、counterfactual analysis、service-sector agglomeration
4	20	0.749	high-speed rail、transit-oriented development、urban development、railway stations、influence mechanism｜cpec impacts；los residents、pro-tourism development behaviour、la teoria、impacto del cpec
5	19	0.818	high-speed rail network、regional tourism economy、spatial error regression；urban agglomeration、spatial effect｜high-speed rail、entry pattern、low-cost carriers、spatial segmentation、market advantages

续表

序号	频次	中心性	关键词
6	17	0.957	Taiwan、high-speed rail、slow travel、carbon emissions、behavioral changes
7	17	0.699	high-speed rail、tourism revenue、tourist arrivals、economic network、socioeconomic impact｜service-sector agglomeration、policy evaluation、spatial heterogeneity、counterfactual analysis、economic network
8	12	0.89	tourist inflows propensity、day holiday、response relationship、tourism attractiveness、d-s evidence theory｜sentiment analysis；paris metro、latent dirichlet allocation、artificial neural networks、travel satisfaction
9	6	0.977	transport planning、atlantic corridor、transport policy、ante study、regional hsr｜high speed、transport planning、atlantic corridor、transport policy、ante study

2.4.2 国内高铁旅游领域研究综述

随着我国铁路跨越式发展战略的实施，中国在十余年间已拥有了全世界最大规模以及最快运营速度的高铁网络。2020年中国铁路营业里程为14.6万公里，较2015年增加了2.5万公里。2016年，《中长期铁路网规划》勾画了新时期"八纵八横"高铁网，预计到2025年，全国高铁将由2015年的1.9万公里增加到3万公里。京津、沪宁、京沪、京广、哈大等一批设计时速350公里、具有世界先进水平的高速铁路，形成了比较完善的高铁技术体系。交通与旅游之间的关系研究一直是国内外学术界广泛关注的热点，但以往的任何国家都没能实现中国高铁交通建设这样快的速度。我国强大的基础建设能力和得天独厚的自然条件让我们在短时间内形成了遍布全国的高速铁路网，有效缩短了各地的时间距离，不仅降低了个体的出行成本，而且改变了城市间的空间结构联系和促进城市发展水平。高铁作为区域资源要素转移的主要交通手段之一，有效地促进了区域间的沟通联系。所以，研究高铁与旅游的关系以及交通对旅游业的影响有着重要的理论与现实意义。我国学者分别从高铁对旅游业、对城市发展、对旅行者行为等方面进行了大量研究。

近年来，高铁网络的建设所产生的"时空压缩"效应，正在对我国旅游业发展产生深刻而全面的影响。且随着旅游活动从走马观花式的"苦行游"到现代度假、体验相结合的"康乐游""休闲游""养生游""生态游"等旅游方式转变，旅游交通成本已不再是影响人们出行的关键因素，而旅游交通的快捷却成为影响消费需求的推动力。

一般来说，高铁开通对地区旅游业的发展有积极和消极的影响，关于高铁能否促进旅游业的发展，大致有两种观点。第一种观点认为高铁对区域旅游业发展具有推动作用；第二种观点认为高铁对区域旅游业发展的作用尚不明晰，且会受到时间和空间差异性的影响。

第一种观点印证了理论上对二者关系的认识。一些学者认为，高铁"时空压缩"效应对游客出游空间产生明显作用，高铁开通使站点城市获得区位优势从而大幅提升旅游吸引力。同时，由于旅游涉及"食、住、行、游、购、娱"等诸多方面，旅游人数的增加将会通过产业关联和乘数效应带动旅游经济，使得高铁成为推动旅游业发展的"酵母"和"引擎"。辛大楞（2019）采用中国287个地级及以上城市2002—2013年的非平衡面板数据，基于双重差分法实证检验了高铁开通对地区旅游业发展具有显著的正向影响。曾玉华（2018）基于2005—2015年我国286个地级及以上城市数据，定量测度出高铁开通对站点城市旅游发展的促进效应，并且高铁开通对旅游发展的促进效应随时间的推移逐渐增强。余泳泽等（2020）和吴贵华等（2020）也分别基于2004—2013年中国287个地级市层面和2007—2016年全国174个地级市的面板数据得出相同结论。于秋阳等（2014）通过灰色关联度和引力测度，说明高铁的建设对西安旅游产业产生的重要影响，高铁营业里程和客运量的增长对城市旅游接待人次和旅游收入的增长具有明显的促进作用。陈佩虹等（2021）、熊元斌等（2010）、蒋昭乙（2011）、王学峰（2011）、史甜甜（2019）分别对华东地区、湖北省、苏北地区、洛阳市、广东省高铁对区域旅游业发展的影响进行了研究，认为高铁的开通对于旅游业发展是良好的机遇，高铁开通促使城市旅游进一步发展，有利于整合旅游资源，规划旅游线路，为游客提供精细化旅游产品。与此同时，高铁建设也带来沿线旅游产品的重新配置，出现同城旅游和近城旅游效应。高铁的时空压缩效应缩短旅途时间，可实现小长假的远程旅游，双休日的中程旅游，在一定程度上避免了中远程旅游对"黄金周"的依赖，从而缓解出游时间的集中性，提高了旅游质量。

近几年，第二种观点在很多文献中被提出，即认为高铁对区域旅游业发展的作用尚不明晰，会受到时间和空间差异性的影响，甚至有反向作用。冯烽（2020）基于2003—2016年中国286个城市的面板数据，使用渐进型双重差分法研究得出高铁开通对站点城市国内游客人数和游客总人数的增长具有正向的影响但并不显著，甚至有较弱的证据显示高铁开通平均降低站点城市约5%的国内旅游收入和总收入。邓涛涛等（2016）定量分析了长三角高铁建设对城市旅游业发展的影响，发现长三角高铁开通初期，并未对当地旅游业产生显著的促进作用，但随着时间的推移，产生了正向影响并呈现逐渐增大的趋势。吴昊（2020）以京广高铁为例，发现高铁通过极化效应、驱动效应、过滤效应和溢出效应显著影响了沿线城市及其周边区域的旅游业发展。但不同类型的城市所受影响存在明显差异，旅游业发展基础较好的高铁沿线城市在高铁开通后旅游业发展加快，而旅游业发展基础较弱的城市及非高铁沿线城市受到冲击。王杰等（2020）发现高铁开通显著地促进了沿线旅游型城市的旅游业发展，但对沿线非旅游型城市的旅游业具有负面影响并导致其旅游市场萎缩。郝俊卿和曹明明（2009）以陕西省作为实证区域，将公路客运量和旅客周转量两个指标作为交通条件的代理变量分析其对区域旅游经济差异的影响，得出旅游综合收入与交通条件相关性不显著的结论。汪德根等（2015）发现高铁强化了旅游资源丰富的节点城市的发展，但同时挤压了旅游资源相对欠缺城市的客源市场。研究发现高铁产生的时空压缩效应使得旅游空间行为、旅游模式发生明显改变。高铁对旅游市场发展空间格局也会产生影响，且不同区域尺度环境下，高铁对旅游市场的空间影响不同。高铁干道对大尺度区域旅游空间格局的影响较大，而城际快车系统对中尺度区域如城市群、都市圈的影响较大，高铁站点对城市内部旅游空间影响较大。郭建科等（2016）发现，在高铁主干道形成期，其促进交通旅游经济带形成的同时，容易加剧旅游市场发展的空间极化特征，在一定程度上对全域旅游的发展有限制作用，随着高铁支线的建设布局，高铁网络化布局已经初步形成。王绍博等（2019）在研究中发现高铁的网络化布局使得虹吸效应逐步减弱，扩散效应显著增强，利于推动全域旅游格局的形成。

2.4.3 国外高铁旅游领域研究综述

高铁作为一种现代运输技术，最早出现于20世纪60年代的日本，几十年来在世界各地区均得到了迅速发展。在日本、韩国和欧洲等发达国家和地区已建成了较为完善的高铁体系，表2.7展示了全球主要国家高铁首次开通时间、速度和运行里程。

表 2.7 全球主要国家高铁首次开通时间、速度及运行里程

国家	首次开通时间	速度（km/h）	运行里程（km）
日本	1964 年	210	2765
英国	1976 年	201	1377
意大利	1978 年	254	1048
法国	1981 年	270	2658
德国	1985 年	320	3038
西班牙	1992 年	320	3100
瑞典	1992 年	200	1706
韩国	2004 年	300	1432
中国	2008 年	350	29000

在国外的研究中，高铁对旅游业最为显著的影响体现在其对旅游目的地可达性的提升，国外学者最早提出并完善了高铁可达性的计算指标，主要包含日常可达性（daily accessibility）、加权平均旅行时间（weighted average travel time）及经济潜力（economic potential）等指标的测算（Vickerman，1974；Gutiérrez，2011；Gutiérrez et al.，1996）。目前，国内学者也在广泛借鉴上述指标来测算目的地可达性，用于论证旅游空间格局、旅游产业布局、旅游者行为等方面多层次的研究。

Bruce（2000）对距离、交通成本和目的地竞争力三者之间的关系进行研究，验证了交通在旅游目的地发展中的重要作用。Bonnafous（1987）指出连接法国巴黎与里昂之间的高铁开通后两地之间游客量持续上升，旅游购物支出明显增加；在德国和西班牙，高铁的修建明显刺激了游客量的增加，不同地区的游客从公路运输和航空运输转移而来。高铁对其他交通方式的替代效用正在逐渐增强。高铁站自身的建设会促使旅游产业要素的聚集，以车站为中心形成新的旅游圈和商业圈，为区域之间旅游的合作提供了有利条件（Noboru et al.，2011）。同时，高铁还对沿线地区和城市的旅游发展产生较为积极的影响，Bruce（2000）、Banister（2005）分别指出高铁开通后，促使高铁沿线地区经济收入水平明显提升，推动旅游经济发展；但在更微观的层面上，因旅游业的复杂性和多样性，高铁对旅游业的影响很难单独剥离出来，且对旅游的影响并非总是正面的。例如，Masson（2009）对法国南部佩皮尼昂与西班牙巴塞罗那之间的高铁沿线区域进行分析，研究发现高铁加剧了旅游目的地之间的

空间竞争。事实上，实证分析表明，高铁修建往往对大城市旅游业的发展有一定影响，对小城市旅游业影响不明显，这一效应也加剧了高铁修建后区域旅游市场的不均衡性（Albalate et al.，2017）。

　　Kamga（2015）认为高铁是全新的模式，直接重塑交通系统的能力，他认为高铁旅行是旅游新兴趋势。Guirao（2016）研究得出交叉效应评估旅游目的地对高铁需求的影响是积极强烈的。高铁的开通可以大大改善旅游目的地的可达性，从而影响旅游目的地的空间结构。高铁重构了空间网络结构，对旅游流的流动产生积极影响。Garmendia（2011）针对西班牙偏远省份进行了研究，发现高铁长途旅行能够重构城市结构和增加旅游流。Pagliara（2015）认为西班牙高铁的开通增大了沿线城市对入境游客的吸引力。Pagliara（2017）和Bazin等（2004）分别在意大利和法国高铁对旅游影响的研究中，均得出高铁能够带来更大客流量。但Pagliara还得出旅游者旅行停留时间显著增加的结论，而Bazin等的问卷调查中则得出旅游者停留时间反而减小的结论。刘军林等（2016）对中小城市研究发现，旅游者停留时间的缩短可能与高铁有关，后者使得交通时间成本缩小，增加了游玩的时间，由原有的过夜游转化为高铁开通后的一日游。Hirota（1985）指出，日本新干线的开通给东京带来了迸发式的旅游流，同时加快了沿线城市旅游产业的发展。Faruk（2017）基于对土耳其高铁开通前后旅客旅游需求的影响研究和高铁具有舒适、安全、便宜、快速和安全的优点，以及给游客提供了之前没有纳入考虑的旅游目的地，得出高铁开通后，游客会增加旅游需求。Marzano（2011）基于对意大利自驾游客、普通铁路和高铁旅客的偏好问卷调查，得出高铁线路的开通能够使原先选择其他交通工具的游客对高铁旅行产生新的需求。Jose等（2009）、赵双全（2018）的研究认为高铁给予旅游者更多的旅游目的地选择，更大限度地产生旅游动机、增加高铁出行到访周边城市旅行的频率。张宇等（2019）认为西成高铁的开通，使出行的时间成本相较之前大大压缩了，旅游者更愿意选择高铁站点目的地。高铁的开通会削弱旅客对其他交通方式的依赖，Gao（2021）通过对中国市级数据的分析得出国内旅游者优先考虑高铁出行。Behrens（2012）通过混合Logit模型研究了2003—2009年伦敦—巴黎客运数据，认为高铁是一些航空旅行的可行替代。Fred（2012）认为乘坐高铁可以大大减少在拥挤的机场发生延误的可能，每年这种延误都会导致全国航空旅客超过30亿美元的损失。Oskar（2008）瑞典和北欧的绿色研发项目中认为高铁具有旅行时间较快和运输成本较低（以每公里单价核算）的预期优势，票价较低的高铁未来能同航空长途客运竞争客源市场，并瓜分一部分航空市场。Albalate（2016）通过对西班牙 50 个省 1998—2013 年的面板数据进行双重差分分析,得出在长途旅行中航空由于其长距离空间的跨越仍是旅客的首选,不会受到高铁开通较大的影响,但他认为短途旅游高铁的确可以一定程度上替代航空。Weng（2020）研究对比其他交通方式在游客出行中的占比发现,高铁已成为中短途旅行的首选。此外,相较其他交通工具,高铁具有低碳低排运量大的优势。Robertson（2016）基于生命周期理论探究澳大利亚高铁的开通替代短途航空旅游来减少二氧化碳排放影响趋势,根据高铁和航空旅客承载量和二氧化碳排放的数据,预计 2056 年,能够减排的二氧化碳排放量为 0.37 亿吨,相比目前航空排放的规模减少了 18%,可在一定程度上减缓温室效应。

总体来说,现阶段学术领域的研究与现实发展是相符的。起初,国外对该方面的研究较国内更早,成果更为丰富,对我国的高铁与旅游发展研究具有重要的借鉴意义。最近几十年,国内涌现出大量对高铁进行分析研究的学者和研究成果,不仅丰富了研究内容,也创造了新的研究方法,形成了国内特色研究体系。

2.5　研究热点分析

对来自中国知网的文献数据进行关键词突现,将突现出的关键词按照出现时间排序,得到如图 2.9 所示的国内高铁旅游领域的关键词突现图谱。其中,"影响""旅游产业"和"武广高铁"是突现时间最早的关键词,其突现起始时间为 2010 年,突现强度分别是 2.64、2.22 和 2.09,说明在国内高铁旅游领域中,这是早期最受关注的研究主题。而随着中国高铁网络的不断拓展和完善,高铁与旅游的结合越来越紧密,2011 年,"高铁时代"与"高速铁路"开始突现,突现强度分别为 1.91 和 1.72。2014—2016 年,"空间格局""空间结构"和"区域经济"等关键词开始突现,突现强度分别为 2.15、1.65 和 1.74,说明国内高铁旅游领域学者逐渐关注高铁发展对旅游空间分布及区域经济发展的影响。"异质性""旅游经济""高铁开通""旅游发展"和"双重差分"是突现时间较近的关键词,表明近年来国内高铁旅游领域的研究热点是高铁开通对于旅游经济与发展的影响以及对高铁旅游的异质性分析,且利用双重差分法对其进行效应评估。

Top 17 Keywords with the Strongest Citation Bursts

Keywords	Year	Strength	Begin	End
影响	2010	2.64	2010	2014
旅游产业	2010	2.22	2010	2013
武广高铁	2010	2.09	2010	2015
高铁时代	2011	1.91	2011	2012
高速铁路	2009	1.72	2011	2014
哈大高铁	2012	1.65	2012	2013
京沪高铁	2014	2.22	2014	2015
空间格局	2015	2.15	2015	2019
空间结构	2010	1.65	2015	2017
中国	2015	1.50	2015	2018
区域经济	2011	1.74	2016	2018
高铁	2011	4.77	2018	2022
异质性	2018	1.57	2018	2022
旅游经济	2014	2.49	2019	2020
高铁开通	2019	1.57	2019	2020
旅游发展	2010	1.40	2019	2020
双重差分	2018	1.41	2020	2022

图 2.9　国内高铁旅游领域关键词突现图谱

对来自 WoS 的文献数据进行关键词突现，将突现出的关键词按照出现时间排序，得到如图 2.10 所示的国外高铁旅游领域的关键词突现图谱。其中，"internation tourism""choice"和"destination"等是突现时间较早的关键词，其突现起始时间为 2015 年，突现强度分别是 2.83、2.21 和 1.45，说明这是国外高铁旅游领域中早期最受关注的研究主题。伴随着国外高铁旅游领域的发展，"competition""regional tourism""transport"和"high-speed rail network"等关键词逐渐突现，突现强度分别是 1.33、1.19、1.59 和 1.27，说明这一阶段国外高铁旅游领域的研究学者更多地关注高铁网络和区域旅游等研究主题。"system""transport infrastructure""service""empirical evidence""tourism demand"和"panel data"则是突现时间较近的关键词，说明近几年国外高铁旅游领域研究热点是高铁交通基础设施和旅游需求方面。

Top 15 Keywords with the Strongest Citation Bursts

Keywords	Year	Strength	Begin	End	1987—2022
international tourism	2015	2.83	2015	2017	
choice	2015	2.21	2015	2017	
air transport	2015	1.54	2015	2017	
destination	2015	1.45	2015	2017	
demand	2015	1.42	2016	2018	
competition	2016	1.33	2016	2017	
regional tourism	2016	1.19	2016	2019	
transport	2011	1.59	2017	2018	
high-speed rail network	2017	2.17	2017	2018	
system	2018	2.26	2018	2019	
transport infrastructure	2016	1.52	2018	2019	
service	2016	1.28	2018	2019	
empirical evidence	2017	1.25	2019	2020	
tourism demand	2020	1.48	2020	2022	
panel data	2020	1.23	2020	2022	

图 2.10 国外高铁旅游领域关键词突现图谱

综合国内外已有高铁与旅游业关系的研究成果，可以发现，在研究视角和研究方法上，国内外的研究已经相对完善，形成了完整的研究体系。在高铁与旅游业关系的研究中，从早期关注高铁建设与旅游业的关联，到关注高铁对旅游地、旅游流改变以及区域旅游产业发展的总体影响，再逐渐聚焦于高铁对旅游发展影响的实证分析，判断高铁在不同区域尺度下的影响差异。国外对高铁旅游领域的研究较早，跟高铁在国外出现较早的现实因素相关，主要的研究方向在空间结构、旅游者行为、旅游产业等方面，国内研究虽然起步较晚，但是发展速度飞快，十几年间的文献总量已经非常可观，在借鉴国外文献的研究方法、方向和体系的基础上结合我国的基本国情做出了非常多有意义的研究成果。不仅逐渐走向成熟，而且研究的方向非常广泛，但国内研究薄弱点在于大部分的研究聚焦于单条线路或者某个区域，且大部分是经济和交通发展水平较高的地区，对于宏观层面上的大范围的研究还比较欠缺。同时，现有关于 Zipf 法则的应用研究中，主要应用于城市人口规模、企业规模等方面，在旅游方面的研究应用相对较为缺乏，本书正是针对这一薄弱点进行了补充研究。

第 3 章 理论基础

3.1 增长极理论

3.1.1 增长极理论的概念

　　增长极理论最早源自 Perroux（1950）提出的增长极概念，这一理论从物理学的"磁极"概念引申而来。他认为，平衡发展这一概念只存在于理论与理想之中，在现实生活中是不可能的。事实上，经济增长往往不是在一个国家中的所有地区同时发生的，它首先出现在"增长极"，从一个或者数个经济增长中心，逐步向其他经济空间延伸，从而影响整体经济发展，总体而言是一个循序渐进且不平衡的过程。根据城市增长极理论，以培育为主的经济增长极在政府的干预下，可以依托自然优势资源，形成辐射扩散效应较强的经济增长极，从而促进整个区域的经济发展。

　　Boudeville 等（1966）扩展了 Perroux 的增长极理论，引入地理空间特征来解释区域经济发展的不平衡。他提出了"区域发展极"，认为"增长极"对区域经济发展的影响转化为核心城市或中心城市对周边地区的影响。这些理论为区域经济的发展提供了新的方向。Friedmann（1967）的核心外围理论和 Krugman（1991）的中心外围理论是增长极理论的进一步拓展，都认为集聚中心或核心区域凭借优越的条件和集聚优势产生经济集聚，促进经济发展。增长极合理地解释了为什么区域发展在一开始不能完全同步。增长极理论认为经济增长不是全面的。首先，一个或多个潜在点先增长，然后产生"回流效应"，导致区域内经济发展不平衡。其次，这些点引发"涓滴效应"，然后从这些点延伸到周边地区的其他部分。回流效应的主要对象是生长极。回流效应一般先增后减，呈涓滴效应。涓滴效应可以促进周边发展形成增长连锁反应，减少区域不平衡发展趋势。

3.1.2 增长极理论的应用

20世纪80年代，中国开始将增长极的概念应用于国内经济发展。改革开放以来，以上海、深圳、广州为首的中心城市引领了长三角、珠三角经济区的快速发展。李利敏（2012）和白俊红（2018）以高铁开通作为准自然实验对2004—2014年中国287个城市作为研究对象，指出高铁能够拉大区域经济差距，且政策效应具有显著的时间效应。政策效应是动态的，不是不变的，具体表现为高铁开通后极化效应逐渐增强，即高铁车站城市作为增长极迅速发展，而周边非线路区域进一步弱化，从而加剧了区域非均衡发展。此后，一些旅游学者通过增长极理论对区域旅游发展进行了研究，陈俊伟（2000）针对广西旅游业发展滞后的现状，提出了培育政府参与、增极多元资本市场的战略，为广西旅游业发展提供新思路。卞显红（2008）提出城市旅游增长极与旅游产业集聚具有相互促进、相互促进的作用。他还认为，向外扩张和公共交通的建设可以促进旅游增长极地区向边缘地区腹地的扩张。胡晓峰（2021）、辛本禄（2022）将增长极理论应用于乡村旅游发展，重点培育乡村旅游增长极，以带动整体旅游发展。陆大道（1986）以增长极理论为基础，加以完善后提出点-轴理论。高汝熹等（1998）创新地将增长极理论应用于城市群和都市圈，认为城市群或都市圈可作为一种新型城市增长极。上述理论中的增长极或核心通常指中心城市或城市群，而中国的增长极或中心城市通常指省会城市。省会城市是全省经济发展的中心，引领着区域经济的发展。

3.1.3 增长极与经济空间分布的关系

增长极在理论研究的发展过程中，对经济空间分布的影响作用得到反复验证，增长极对地区经济增长产生的作用主要表现在：第一，区位经济。区位经济的产生来自经济活动的集中，实际上区位经济是通过地理位置的接近进而获得综合经济效益，当交通条件被改善，区域经济之间的联系更加紧密，区位经济得到进一步发展，增长极对地区经济发展所产生的作用也就更加显著。第二，规模经济。规模经济的含义较为广泛，囊括从微观到宏观经济中能获得经济利益的各个层次的经济规模，包含城市规模经济、企业规模经济和部门规模经济。规模经济受到交通运输方面的影响，当交通条件得到改善时，在一定程度上可以促进规模经济的形成，进而形成增长极。第三，外部经济。增长极形成的重要原因之一就是外部经济效益，同时，外部经济效益也是增长极形成产生的影响的重要表现。增长极的形成使得经济活动的众多主体在一个区域内集聚，因此产生降低生产成本、创造互为需求的市场，进而获取经济效益。高铁项目的建设与运营给国民经济、旅游业的发展带来了有利影响和附加效果，带动了地区的经济发展，促进多个地区经济增长极的形成，进而为经济发展提供动力。

增长极理论对经济空间的主要影响表现为以下四个功能：

（1）优势效应。在经济环境中，由于发展单元与个体之间受到的影响不均衡，单元之间会存在不对称的关系，进而呈现出一些经济单位处于支配地位，另一些经济单位处于被支配地位的情况。通常，增长极的推动性单位具有不同程度的支配效应，能够对其他经济空间产生支配作用。

（2）乘数效应。增长极形成之后，区域内的经济活动会通过多种方式影响经济空间内的其他经济活动，进而引起连锁反应，对经济规模分布造成影响，导致经济总量产生变化。

（3）极化效应。增长极形成的过程是多种经济要素汇集并且累积的过程，越来越多的劳动力、资金、贸易活动等流入，使得增长极在这一过程中形成优势地位，进而形成利于发展的正向循环。增长极的形成也是一个区域发展不平衡的体现，当有利因素都集中到一个地区或节点时，不可避免地会对周围地区造成不利影响，阻碍欠发达地区的发展，甚至有可能出现两极分化的情况。极化效应的表现形式主要有三类，分别是波状圈层式极化、向心式极化和等级式极化。

（4）扩散效应。在特定的时期与阶段中，增长极的快速发展能够有效促进周边区域的发展，将发展红利辐射到周围地区，从而缩小落后地区与先进地区的差距。扩散效应主要的表现形式为核心辐射式扩散、跳跃式扩散和波状圈层式扩散、等级式扩散。

在整体经济空间的发展过程中，不均衡性注定会使空间内形成一个或多个增长点和增长极，极化效应在发展初期就会突出地体现，但随着发展时间的增长以及经济发展方式的多变，经济增长极效应中的支配效应、乘数效应、聚集效应、互利效应等产生了不同程度的改变，使经济发展进程中形成了波动，会逐步产生扩散效应。

交通运输效率是增长极形成的重要因素之一，交通与产品运输效率、劳动力流动速度、经济空间格局等都有密不可分的关系。当城市修建高铁、机场等高速交通设施，其长途运输效率会大大提高，来往于增长极间的资源置换会越来越高效，短期内会使增长极与周边区域的差距越来越大。

3.2 核心-边缘理论

3.2.1 核心-边缘理论的概念

核心-边缘理论最早在1966年被美国地理学家John Friedmann在其学术著作《区域发展政策》中系统地提出，John Friedmann是一名从事发展中国家空间发展研究的美国学者。他认为任何一个国家的区域发展都是由边缘区域和核心区域共同组成，在区域发展的过程中，核心与边缘之间存在着不平等的发展关系，核心区域处于主导地位，边缘区域处于被支配地位。这一理论最初被用于研究经济学上的产业集聚效应，同时，也解释了一个区域如何由互不相连、各自发展，变成打破孤立、彼此联系、共同发展，进入由发展不平衡到发展失衡，再到趋于平衡的发展阶段，进而揭示出区域空间演化规律与特征，解释了空间分布与演变模式。Hills和Lundgren（1977）建立了核心-边缘理论的模型，并着重强调边缘区对核心区的依赖关系。后来，Forslid（2003）对基本模型进行了进一步修正，在评估具体均衡数量和评价全局的稳定性以及探究基于外生的不对称影响方面做出了卓越贡献。

3.2.2 核心-边缘理论的应用

国外早期关于核心-边缘理论模型的研究中，主要侧重旅游经济发展的地区差异、空间分异特征及其外部效应等方面。Peter（2009）在研究中认为，欧洲的高铁开通促进了交通网络的联通，在城市体系中，大城市作为核心区域对边缘区域中的城市会造成一定的极化效应，这在一定程度上有助于当地的城市更新。Murphy（1988）、Zurickt（1992）是最早将核心-边缘理论应用在区域旅游发展领域的旅游学者，在研究中他们探讨了边缘地区旅游发展，以尼泊尔边境地区作为案例地，认为尼泊尔边境地区通过发展全世界高风险探险旅游的方式，产生新的经济增长点。Wall（1998）在研究中以核心-边缘视角切入，关注外围区域的旅游业发展。Fennell（1996）在研究中发现，游客对核心-边缘区域的选择偏好存在异质性。Weaver（1998）在研究过程中将特立尼达和安提瓜作为研究对象，研究发现安提瓜和特立尼达都位于核心区域，但它们各自在区域内所发挥的作用并不相同，核心-边缘这一形态在旅游的离心力的影响下被放大。Papatheodorou等（2004）的研究对区域旅游的核心-边缘空间结构的形成机制进行探讨。

在国内，保继刚等（1988）对城市核心区——RBD（Recreational Business District，游憩商业区）进行研究。汪宇明等（2002）研究认为核心－边缘理论能够为区域旅游空间结构规划提供认知模型。彭红松等（2014）在研究中构建区域空间网络结构模型及评价指标体系，发现泸沽湖空间分布格局具有明显的核心－边缘结构特征。卞显红等（2012）以上海市为例，对城市旅游核心区与边缘区的协同发展进行研究，探讨了城市旅游核心与边缘空间结构的形成机制，认为轨道交通系统促进了旅游流动，进而增加旅游需求，促进交通旅游带的形成。史春云等（2007）对四川省旅游核心－边缘区的空间结构演化特征和演变过程进行研究，认为四川省旅游城市的核心－边缘特征较为突出，空间极化作用显著，同时扩散作用也在逐步加强。梁美玉等（2009）在研究长三角区域的核心－边缘旅游结构框架时，认为核心城市与边缘城市应当加强资源整合力度，优势互补，协同发展，进而更好扩大知名度，实现核心城市与边缘城市的双赢发展。廖继武等（2013）以广东省肇庆市为例，对旅游地进行核心地与边缘地的划分，分析边缘地客流的影响因素，得出边缘地应加强与核心区的联系、促进旅游发展的结论。汪德根等（2015）以京沪高铁旅游带为例，运用核心－边缘理论，比较京沪高铁开通前后主要高铁站点的旅游分布变化情况。张和清等（2005）以南岳衡山为例，结合核心－边缘理论对该区域内核心与边缘旅游区及其相关关系进行探讨，为旅游产品开发提供思路。黄金火等（2005）利用核心－边缘理论分析旅游区域之间的合作动因与机制，并提出构建泛西安独立旅游目的地的建议。

3.3 点－轴理论

3.3.1 点－轴理论的概念

20世纪80年代初，我国地理学家陆大道在中心地理论和增长极理论的基础上，根据国内具体情况，提出了点－轴理论。点－轴理论是区域发展理论核心，点－轴理论的核心是点－轴渐进扩散，是渐进的且不均衡的，因此，不能一味地要求平均发展，要根据区域发展潜力条件划分重点区和非重点区，优先发展重点区，再通过重点区的发展轴轴线向非重点区延伸，轴线形成后，轴线周围吸引产业集聚和人口聚集后在非重点区产生新的次增长点，这个次增长点又以点－轴方式，在非重点区区域内创造新的增长点，全域的均衡不是短期内可以实现的，是一个循序渐进的过程。

点-轴模式是由增长极模式扩展出来的一种区域开发模式。由于增长极的数量增多，增长极之间就会出现使得彼此之间相互联络的交通线，发挥联系作用的交通线理论上成为发展轴，发展轴具有增长极所具备的所有特点，但比增长极的作用范围更大。点-轴渐进扩散的过程中有方向性、时序性和过渡性等特征，点-轴渐进扩散在空间和时间上具有动态连续性。同时，点-轴开发在初始阶段是将开发重点由点逐渐转移到轴线上，多个点-轴的交汇促使区域空间网络的形成，由此点-轴开发成为区域空间网络形成的过渡阶段。随着区域空间网络发展的深入，极化效应逐渐减弱，扩散效应逐步加强，区域发展转变为区域平衡，即点-轴渐进是区域发展由不平衡到平衡的转化过程。

在现有研究中，点-轴理论也被广泛应用到旅游地理空间结构的研究中，该理论对于旅游规模与空间分布的相关研究具有重要意义。点-轴理论在旅游领域的应用，由旅游规模与结构及空间分布进一步发展为点、轴、带、面的结合，进而与板块旅游的区域结构模式研究相结合。板块旅游理论是以旅游地系统理论和点-轴理论为基础进行有机结合，从而有利于旅游空间的结构模型的分析理论。点-轴理论作为区域开发的基础性理论，同样适用于区域旅游规划开发，在现有的研究中，已有一部分国内学者将点-轴理论实际运用到区域旅游空间结构的优化中。

3.3.2 点-轴理论的应用

点-轴理论作为区域开发的基础性理论，对于研究区域旅游开发同样适用，在现有文献中，已有一部分学者将点-轴理论实际运用到区域旅游空间结构的优化研究中。点-轴的旅游发展模式与区域经济社会发展模式相似，旅游点-轴理论又称为"旅游发展轴线"。高铁沿线旅游城市的增长打破了此前核心"圈"的区域关系，形成沿高铁线路分布的"链条"联结关系（李磊等，2020）。高铁的开通能够让旅游目的地和客源地等时圈呈现沿高铁线路呈轴突扩张态势，一小时等时圈"时圈岛"经过高铁线路联结成为"时圈廊"，形成高铁沿线旅游经济带势态，有力推动区域旅游一体化建设（李保超等，2016）；但值得一提的是，高铁发展轴存在距离衰减效应（马丽君，2021）。

陈萍等（2011）利用点-轴理论对山东半岛区域旅游空间结构进行研究，并总结出山东半岛将"两个中心、两条发展轴、两个旅游区"的发展模式作为旅游发展节点；徐清等（2009）以宁波为例，利用点-轴系统理论对乡村旅游空间结构优化进行研究；郭烽丽（2008）以福建省为例，运用点-轴理论对其旅游空间结构进行分析，并提出"厦门旅游圈与福州旅游圈"的双核旅游圈协同发展；卞显红等（2006）以长江三角洲为例，运用点－轴理论对区域空间结构中的旅游资源及旅游开发进行研究分析；祖木热提·买合木提等（2010）结合点－轴理论对南疆地区的铁路沿线旅游资源分布类型以及空间结构特征进行分析，为当地旅游资源开发与旅游产业结构完善等方面提供了建议；石培基等（2003）在研究中充分挖掘点轴开发对于区域旅游的价值，并将点－轴理论作为西北地区旅游开发的理论指导；汪德根等（2005）运用点－轴理论，分别对呼伦贝尔—阿尔山以及江苏省两大区域，进行旅游区域空间结构优化及江苏省旅游空间结构优化研究。

3.4 位序－规模理论

3.4.1 位序－规模法则概念

位序－规模法则是从城市的规模以及城市规模位序的关系来考察一个城市体系的规模分布，最早于1913年由德国学者Auerbach在研究欧美城市位序规模分布特征与规律时提出。随后，一些学者对城市位序与规模之间的关系进行验证和拟合，并分别由Lotka、Singer、Zipf等学者对模型进行改进，使得模型中的方程具备更加科学的意义与完善的解释，提出能够反映城市发展位序与规模的Zipf法则，进而被学者广泛应用到城市结构、城市体系以及城市形态等研究领域。20世纪五六十年代，学者们关于位序－规模法则的解释与检验达到了高潮，希望能够从中得出与Christaller的中心地理论之间的一致性或非一致性。相关研究直到Lawson和Resnick提出城市体系分布模式的新观点及其对国家之间的城市规模分布体系发生变化的范围和原因提出质疑时才暂停。Beny、Alperobich等学者分别根据不同时期、不同国家以及不同地域等资料验证了位序－规模法则的合理性。国内关于位序－规模法则的研究始于1964年学者严重敏翻译Christaller的《城市的系统》，随后一段时间相对沉寂；后来，宁越敏、许学强、王法辉、周一星等学者分别根据不同时期、不同国家以及不同地域等资料验证了位序－规模法则的合理性。

3.4.2 位序－规模法则的计算方法

在运用位序－规模法则考察区域内城市体系的规模分布时，其计算公式为：

$$P_i \times R_i = K$$

式中，P_i是一个城市的人口数；R_i是按人口规模从大到小排序后该城市的位序；K为常数。后来，学者们通过对于该模型的改进，提出了更加完善的Zipf法则，即通用的城市位序－规模分布公式，具体如下：

$$P_r = P_1/R^q \quad (q=1)$$

对上式两边取自然对数，得到：

$$\ln P_r = \ln P_1 - q \ln R$$

式中，P_r是排名第r位城市的人口规模，P_1是最大城市的人口规模；R是P_r城市的位序；q为常数（即Zipf指数）。Zipf法则主要是以空间地域中的离散分布变量作为研究对象，并分析该变量在空间分布的各组成部分之间的位序－规模关系。

Zipf法则也被应用到旅游领域分析旅游流以及旅游资源等位序－规模分布结构，参数q的大小具有明确的地理意义，反映了城市旅游经济规模结构的空间分布状况。大量实证研究发现Zipf指数具有以下性质：当$q=1$时，区域内首位城市与最小规模城市之比恰好为整个城市体系中的城市个数，形态呈现为帕累托模式。Zipf认为，此时城市体系处于自然状态下的最优分布，故称此时的城市规模分布满足标准的Zipf模式。当$q<1$时，城市规模分布相对集中，人口分布比较均衡，中间位序的城市较多，表示各单元的旅游经济规模空间分布比较均衡，有明显扩散态势。当$q>1$时，说明城市规模趋向分散，城市规模分布差异较大，首位城市垄断地位较强。当大城市发展相对较快时，城市规模分布趋向分散，q也不断增大；$q \to \infty$时，区域内将只有一个城市，为绝对首位型分布；与之相对，中小城市发展迅速，会缩小与大城市的差距，q会有所缩小；而$q \to 0$表示区域内城市规模将一样大，人口分布绝对平均。

Zipf法则不仅能够测度区域旅游发展差异，也为判断旅游经济规模和游客空间分布的集散程度提供理论模型。因此，本书选用Zipf法则来研究我国旅游经济规模的空间分布情况。按照上述方法，将城市单元替换为地区单元，用区域单元的旅游客流量或旅游收入替换城市人口，得到以下关系式：

$$\ln P = \ln K - q \ln R$$

式中，P为某城市的旅游经济规模；R为该城市旅游经济的位序；K为该区域首位城市的理想旅游经济规模；q为常数（即Zipf指数）。Zipf法则服从幂分布，具有分形意义。

q 的取值大小具有明确的地理意义，反映了城市旅游经济规模结构的空间分布状况。当 $q>1$ 时，表示各单元的旅游经济空间分布较为集中，极化态势明显，q 越大表明旅游规模空间分布的不均匀程度越高，越是偏离 Zipf 分布；q 越接近于 1，则表明旅游规模分布越趋于 Zipf 分布，当 $q=1$ 时，则是一种相对较佳的空间分布结构，形态呈现为帕累托模式；当 $q<1$ 时，表示各单元的旅游经济规模空间分布比较均衡，有明显扩散态势。此外，还可能有两种极端情况：一是当 $q\to0$ 时，表明区域内所有地区单元的旅游规模相等，空间布局完全均衡；二是当 $q\to\infty$ 时，表明区域内仅有一个具有旅游经济规模的地区单元。当然这两种状态几乎不会在实际情况中出现。在此过程中，$q\geqslant1.2$ 为首位型分布，$0.85<q<1.2$ 为集中性分布，$q\leqslant0.85$ 为分散均衡性分布。

Zipf 法则所描述的是一种微观主体处于比较自然的竞争环境中所呈现的数量和相对规模的分布状态，因此在许多研究中被视为参照体。当影响竞争的因素或条件较少时，经济体的 Zipf 指数会大致等于 1；反之，当存在较多有利因素或条件发生改变时，Zipf 指数就会偏离 1。所以，Zipf 法则是一个十分有效的诊断工具，通过观察经济规模的分布状况从而分析其空间集聚程度，进而推断区域内经济规模是否由于有利因素或条件改变而产生空间分布的规律性变化。

3.4.3 位序－规模法则的应用

Zipf 规则最初应用于城市地理中城市分布和人口规模的调查研究，反映了城市或人口规模由大到小的顺序及其规模之间的关系。城市规模的分布与演化是城市研究中的一个重要问题，对优化城市化布局具有重要的理论和现实意义。《国家新型城镇化规划（2014—2020 年）》阐述了优化城市规模结构的战略任务，探索了适合中国城市规模结构的演化路径，对国家新型城镇化规划的实践具有基础性意义。回顾世界各国城市发展的历史，城市的演变过程重复着特定的模式。城市的出现、扩张和衰落意味着城市在不同规模和等级之间流动，在经济发展中扮演着不断变化的角色。20 世纪 70 年代以来，现有研究主要从两个命题展开：第一个命题从宏观层面探讨城市规模分布规律。奥尔巴赫首先认为城市规模的分布与帕累托分布非常相似，在此基础上，Zipf 指出，规模分布不仅服从帕累托法则，而且帕累托指数等于 1，即服从 Zipf 法则。Giesen、Deliktas 和 Gabaix 的实证研究都为 Zipf 法则的成立提供了证据。Duranton 通过模拟美国和法国的城市规模分布表明分布曲线两端都偏离了 Zipf 法则。另一命题探讨城市演进过程中的增长模式，关注不同规模等级城市的增长速度相对于彼此是如何变化的。Eaton 在研究中发现，随着时间的演化发展，日本和法国城市的等级和相对大小具有稳定性，增长模式为平行增长。Gonzalez-Val 和 Dobkins（2000）在研究中得出美国的城市规模增长相对稳定的结论。Sharma（2003）在对印度的研究中发现，从长期来看，城市的发展可能是平行的，但在短期来看，城市发展具有收敛增长的趋势。学者对中国城市规模分布演化规律的探讨愈来愈重视，并从不同方面测度和分析了城市规模的分布演化，宋顺锋采用 1991 年、1998 年中国城市的数据，与 Zipf 法则进行拟合，发现效果良好。Anderson 等（2005）发现对数正态分布更好地拟合中国的城市规模分布，城市增长呈明显的收敛趋势。闫永涛（2009）在研究中发现，1994—2004 年中国城市规模的分布符合帕累托分布。万庆（2018）在研究中得出 2000—2010 年中国城市规模分布呈现出集中化的趋势，并发现不同规模等级的城市增长趋势有着明显差异。

Zipf 法则被广泛应用于多个领域，特别是逐渐被国内学者应用到旅游规模结构的差异化研究当中。城市人口规模的位序-规模关系与旅游客流规模具有类似之处，可以将城市的位序-规模关系运用拓展到区域旅游规模结构的研究领域中。

吴竑等（2017）于 2005 年就开始运用 Zipf 法则和首位度理论，以我国多年来入境旅游人数为指标，研究我国省际层次和主要旅游城市的入境旅游规模分布规律，为后来相关研究人员探索中国国内省际、城市等旅游规模空间分布及变化规律，提供了新颖的思路和方法。近二十年来，我国学者积极运用 Zipf 法则分析和研究我国国内旅游规模空间分布状况，在全国、省际、城市群等层面都获得了丰富的研究成果，对探索我国旅游空间分布规律和促进旅游产业科学决策和健康均衡发展都具有重要的指导意义。

刘大均等（2015）创新性地选用新浪旅游微博为对象，分析发现中国旅游微博规模空间分布总体满足 Zipf 法则，但整体发展差距较大，存在两个不同的发展层次。

李佩等（2017）运用 Zipf 法则和区域经济规模差异的相关指标，分析发现广东省旅游经济规模分布基本遵循 Zipf 法则，其空间分布高首位度的较集聚状态逐渐过渡为均衡性较佳的状态。靳诚等（2007）运用 Zipf 法则拟合长三角地区城市 1991—2004 年入境旅游规模结构发现其符合 Zipf 分布，且整体旅游规模发展趋于均衡。吕利军等（2010）运用 Zipf 法则进行实证分析发现，云南省 2003—2007 年的区域旅游系统内的入境旅游人数规模结构，趋向非均衡、高集中度的态势演变。曾鹏等（2012）通过对 Zipf 指数的回归分析发现，

1999—2009年中国十大城市群中一百多个城市的入境旅游规模分布均基本符合Zipf法则，且十大城市群的区域旅游规模正在从集聚型分布转变为分散均衡分布。刘力钢等（2020）分析发现"一带一路"沿线十八个重点省份2013—2018年的入境旅游规模属于明显的首位型分布，广东省凭借经济和位置优势稳居首位，各省份之间过度集中的态势和较大的差异度都在逐步下降。

朱海艳等（2020）研究发现Zipf法则所反映的位序－规模规律，对于像湖北省这样的国内旅游规模由武汉市"一家独大"的高首位度区域，并不能完全准确地反映实际旅游规模分布结构情况。因此，在应用Zipf法则的相关研究中还需要结合首位度等其他方法进行。王海鸿等（2009）对1990—2008年中国入境旅游的研究表明，旅游流所具有的属性符合Zipf法则描述变量的要求，将Zipf法则应用到旅游流研究中可以从宏观上把握总量的变化特点。Zipf法则不仅能够测度区域旅游发展差异，也为判断旅游经济规模和游客空间分布的集散程度提供理论模型。杨国良等（2007）以四川省为实证区域，证明其国内旅游和入境旅游的流量规模分布均满足Zipf法则，但交通条件改善和旅游者目的地选择行为差异等因素造成国内旅游和入境旅游二者的空间分形结构非同步变化。方世敏等（2010）对2009年五一期间延安9大景区的Zipf指数分析表明，该时段延安9大景区旅游流空间分布极不平衡，集聚效应明显。

3.5 首位度理论

3.5.1 首位度概念

首位度理论最早来自马克·杰斐逊1939年提出的城市首位律（Law of the Primate City），是对城市体系中城市规模分布规律的一种概括，揭示了城市规模发展的规律。

城市首位度代表了首位城市对整个城市体系的主导作用，以及城市体系结构安排的合理性。通过计算某一资源或要素在首位城市中的集中度，判断首位城市在某一指标上是否具有显著的规模优势，从而反映首位城市在其区域城市体系中的相对重要性。

在规模上，首位城市与第二位城市保持巨大差距，吸引了全国大部分的城市人口，同时，在国家的经济、社会、政治、文化生活中也占有明显优势。首位度可以反映首位城市与整个城市体系人口的比值情况，已经成为一种测度城市规模分布状况的常用指标，首位度高的城市规模分布，就是首位分布。

3.5.2 首位度计算方法

在计算首位度时,通常采用两城市指数、四城市指数、十一城市指数等计算方法。两城市指数计算方便且容易理解,但相对比较片面,不能完全体现出城市规模分布。在一定程度上,四城市指数和十一城市指数更能够全面反映城市规模的特点。

两城市指数的计算方法:$S = P_1/P_2$,即采用首位城市与第二位城市的人口规模的比值。

四城市指数的计算方法:$S = P_1/(P_2 + P_3 + P_4)$,即采用首位城市与第二、三、四位城市的人口规模之和的比值。

十一城市指数的计算方法:$S = 2P_1/(P_2 + P_3 + \cdots + P_{11})$,即采用首位城市与第二到第十一位城市的人口规模之和的比值。

从理论上讲,按照位序-规模原理,正常的两城市指数应该为2,同时,正常的四城市指数与十一城市指数应该为1。

3.5.3 首位度理论的应用

首位度在一定程度上表示了城市体系中的所研究的城市发展要素在规模最大城市的集中程度。在首位理论确立后,学者们不仅对首位度的内涵和功能进行了探讨,而且对首位度在各个领域的评价和应用进行了深入的探讨与研究。

许学强等(1988)对杰斐逊的研究进行了介绍,指出杰斐逊利用50多个城市的规模数据,通过首位公式计算每个城市的首位度,并发现虽然不同国家的首位度存在波动,但基本遵循一个规律:次级城市的人口规模通常为第一位城市的1/3。这就产生了城市首位规律,它主要强调首位城市始终保持其优势的法则,认为次级城市无论如何都不能超过首位城市。进一步,马歇尔(1989)针对杰弗逊的首等城市优越性理论的模糊性,定量准确地研究了首等度边界指数。经过大量数据确认"2"可以作为首位性的阈值:当且仅当一个城市的首位性指数大于2时,该城市可以被认定为首位性城市。为了进一步明确第一位城市的优势,他还将首位度大于2、小于4的城市称为中等首位分布,首位数大于4的城市称为高首位数分布。在以上的概念中,首位城市是关键。关于形成首位城市的成因,Ades等对各种影响因素进行探索性分析发现,政治因素是影响城市首位性的最主要因素,其次是经济因素。

王馨(2003)在中国较早地引入了城市主导地位的概念,并在广义城市主导地位的范畴内建立了城市主导地位的评价体系,可以作为早期研究的典范。他利用专家咨询法将城市首位度体系划分为 4 个一级具体指标和 38 个二级具体指标,然后在网络层次分析法的框架下计算各指标的权重,选取全国 23 个一级行政省区作为样本进行评价,得到各样本区域的城市首位度和第一城市排序。随后的学者也在其研究的基础上不断拓展和完善。康俊杰(2010)对王馨的研究进行了实质性和深入的拓展,得到了更为详细和系统的首位度评价体系,即首位度的综合结构。与以往的研究不同,该结构的主要目的是系统地评价城市,提高指标体系的适用性、全面性和可操作性。城市首要指标体系分为规模、产业和功能三个层次。在方法上,仍然采用层次分析法来衡量指标权重,并根据该指标体系计算山东省各地区的首位度。此外,利用主成分分析的统计方法提取城市首位度评价的主因子,并通过聚类分析进一步将城市划分为不同的类别。张璇(2012)从人口、经济、科教文化、城市功能和生态五个方面构建了城市首位度的评价指标体系,并从更广阔的视角思考了城市首位度的内涵。此外,朱军、刘艳(2015)以现代城市发展理论为基础,吸收前人研究经验,将人力资源与生产力、经济发展中心、科技与驱动力、社会服务与凝聚力等内容紧密结合,最终从四个方面建立了城市首位度评价指标体系:人口优先、经济优先、科技创新优先、社会服务能力优先。

3.5.4 首位度与经济增长关系

研究城市首位性对实现区域经济发展具有重要意义。因此,对城市主导地位与经济增长之间关系的探讨成为研究者关注的焦点。国内外学者进一步研究了城市主导地位与经济增长的关系,形成了大量的经济发展思路和对策。

国外学者 Berliant 和 Wang(2004)运用动态经济发展的思维,在罗默模型的基础上讨论了城市聚集和经济发展的关系。城市首位度一般通过城市规模来体现,但很难准确计算城市化过程中的社会效益和成本。在当前的研究中,根据不同的标准,对其收益和成本进行分析,从而探讨城市规模的合理值。Hansen(1990)指出,在经济发展的早期阶段,首位城市迫切需要要素的集聚,这就加大了区域或城市发展差距,导致发展不平衡。随着空间集聚的过度拥挤,产生负外部性,导致要素重新分配,从而产生最优的城市规模。当量表是左边的,它有一个积极的影响;当量表是右边的,它有一个消极的影响(Henderson,2003)。

国内学者张应武(2009)调查收集了 2002—2006 年近 300 个城市的经济数据,并使用具有随机效应的面板数据模型拟合方法研究了城市的最佳规模。

最后得出的结论是城市规模符合帕累托分布，最佳规模约为 500 万人。从经济角度来看，大城市的发展应该得到适当的优先考虑。王家庭（2012）认为，城市首位度的上升不利于区域经济发展，而何利（2017）在研究中发现，中国省会城市的发展对省级经济起主导作用，但在不同区域具有空间异质性。方大春（2017）基于中国 31 个省（自治区、直辖市）2001—2012 年的数据建立了空间动态模型，分析了人口集中与经济发展之间的逻辑背景，他发现，从概率角度来看，人口城市化与经济增长成正比，而城市主导地位与经济增长成反比。大多数学者认为，城市主导地位对经济发展具有非线性影响。吴万运等（2017）和金颖婷（2017）发现，省会城市开放度与经济发展、城乡收入差距之间的关系呈 U 型特征。李宝礼等（2018）通过面板数据模型分析发现，城市首位度的变化与经济增长呈非线性关系，受人口规模、初始经济规模和区域面积等多因素影响。段巍等（2020）发现，提高省会城市首位度可以有条件地提高 GDP 发展水平，包括提高土地利用指数、降低定居门槛和改善住房供应。赵奎等（2021）从产业发展的角度研究了省会城市的经济溢出效应，发现省会城市的产业发展可以带动周边城市的发展，如果实现上下游产业关联，这种带动作用会更强。李铭等（2021）从人口、经济和土地利用三个方面分析了中国省会城市的增长极，将不同省份划分为单强核心省、多强核心省和非强核心省，并针对不同增长极的省会城市提出了相应的发展战略，讨论城市首位对经济发展的影响是促进还是阻碍。

3.6　测算方法

3.6.1　基尼系数与洛伦兹曲线

基尼系数（Gini index）是国际上通用的度量经济不平衡状况的指标，现有文献中，越来越多的学者将基尼系数引用到旅游学领域研究中，并将基尼系数作为地区之间旅游规模的空间分布差异或集中程度的重要指标，用该系数来描述旅游业发展格局的不平衡程度。基尼系数作为地理学中用来描述离散区域空间分布的重要方法，既可以较为客观地反映出空间要素的分布差异，又可以对直观的空间要素分布状态进行对比。

在具体应用当中，学者们通常借助空间洛伦兹曲线对旅游规模在空间上分布的不均衡和集中程度进行进一步的检验。洛伦兹曲线图的纵轴为求证的旅游规模的累积百分数，横轴为具体的地区数的累积百分数，对角线为均匀分布。

根据基尼系数 G 的含义：G = 均匀分布线和洛伦茨曲线之间的面积/均匀分布线下的面积。理论上，G 在 0~1 之间，G 越大，说明空间分布程度越高，空间分布差异越大；G 越小，说明区域发展越均衡。

3.6.2 集中指数

集中指数是一种改进的洛伦兹曲线法，最早由 Wagstaff 等提出。集中指数作为一种经济活动空间集中程度的衡量指标，用以比较两种地理要素的空间分布或是在地域上的集中程度。理论上，集中指数的数值越高，表示该项要素的地理空间分布的集中程度越高，地区差异比较明显。若集中指数的数值越低，则表示该项要素的地理空间分布越分散，地区发展趋于均衡。对于任何一种经济活动而言，集中指数都在 50~100，当地理要素或一种经济活动的空间分布达到失衡极限时，集中指数为 100。相反地，当空间分布达到均匀极限时，其集中指数为 50。现有文献中，已有一部分学者将集中指数应用到旅游地理学研究中，并由此衍生出地理集中指数。地理集中指数作为衡量研究对象集中程度的重要指标，能够反映出在研究时段中分布的整体集中程度、集中趋势和均衡性。

3.6.3 变差系数

变差系数反映地区相对均衡度，值越小表示离散程度较小，即各项的值同均值相差较小，说明区域发展越均衡。相反地，变差系数值越大表示离散程度较大，即各项的值同均值相差较大。

3.6.4 赫芬达尔系数

赫芬达尔-赫希曼指数（Herfindahl-Hirschman Index，HHI），简称赫芬达尔系数。作为产业市场集中度的重要测量指标之一，能够较好地测度经济活动的规模离散程度。在现有文献中，赫芬达尔系数也被用于分析旅游规模空间分布的集中度，其值越大，区域旅游规模发展越集中，越不均衡。同时，赫芬达尔系数反映旅游规模首位或者前几位城市的旅游发展变化规律，这些城市对省内旅游经济发展发挥着重要的影响。赫芬达尔系数反映区域规模指标的集聚程度和垄断程度，其值越接近 1，表示区域规模越具有垄断趋势；其值越接近 0，表示区域规模越趋于竞争。在旅游规模分布的具体应用中，通常认为赫芬达尔系数值越小，表示区域间旅游规模发展越均衡。反之，如果赫芬达尔系数值越大，则说明旅游发展越集中，趋于不均衡。

3.6.5　最邻近点指数

最邻近指数法最早源于生态学家 Clark 和 Evans（1954）的研究，用于空间分布的研究分析之中，以观测和分析空间分布中大量呈不规则分布的点的状态。最邻近指数表示点状要素在地理空间中的相互邻近程度，且可以将布局格局属性以直观、客观、准确的方式进行呈现。在现有文献中，最邻近指数已经被广泛应用于旅游空间结构分析中，对旅游资源、旅游规模的空间分布趋势的测度具有重要作用。主要计算公式如下：

$$R = \bar{r}_i / r_E$$

$$r_E = 1/2\sqrt{m/A} = 1/2\sqrt{D}$$

式中，$\bar{r}_i$ 代表每个点与其最邻近点距离的平均值；r_E 为点状要素随机分布时理论上的最邻近距离；m 代表点要素数量；A 代表研究面积；D 代表单位面积点要素数量。

最邻近分析表示区域中点状要素的实际分布，相对于理论假设中随机分布的区域空间差异分析。点状要素在空间上可划分为凝聚型、随机型和均匀型三种类型，当 $R>1$ 时，表示点状要素均匀分布，分布类型为均匀型；当 $R=1$ 时，表明点状要素随机分布，分布类型为随机型；当 $R<1$ 时，表明点状要素聚集分布，分布类型为凝聚型，R 越小，代表点状要素的聚集程度越高。

3.6.6　泰尔指数

泰尔指数最早是由 Henri Theil 在 1967 年提出的，是西方经济学中用来衡量收入分布公平性的一种方法，是衡量个人之间或者地区之间的收入差距、不平等度的指标。现有研究中也有学者将泰尔指数引入旅游经济区域差异中，对区域旅游经济发展状况进行衡量。泰尔指数的大小也体现出所研究要素在各地间分布差异的大小。理论上，泰尔指数越小，说明分布差异越小；泰尔指数越大，说明分布差异越大。

第4章 现状分析

4.1 旅游发展现状分析

4.1.1 旅游发展历史进程与现状

(1) 逐渐起步阶段（1978—1991年）。

改革开放后，中国旅游业进入逐步发展阶段，主要通过依托国家外事接待事务，进而开始小规模地开展外国旅游团的观光旅游，这一时期发展旅游业的主要目的是服务国家外事外务工作，接待外宾外国代表团、旅游团等，以增加外汇储备、平衡国际收支。同时，这一时期的旅游业对旅游接待相关工作都有严格的管理制度，主要以事业型管理为主，而旅游经济本身的开放型经济特征明显。

(2) 快速推进阶段（1992—2008年）。

1992年，随着社会主义市场经济体制逐步完善与发展，我国经济发展迎来新的春天，国内经济发展焕发活力、朝气蓬勃，同时，我国于2001年加入世界贸易组织直接促进了国内旅游和出境旅游的繁荣。此时，旅游业发展势头强、速度快，但作为一种新兴产业，此阶段中国旅游业的产业结构、维度还过于简单，存在着延展性不足的问题。

(3) 业态融合阶段（2009—2018年）。

2008年金融危机的爆发，使全球经济进入低迷期，消费需求骤减，中国经济也面临新考验，以消费促进经济复苏发展成为重要发展途径。在此背景下，旅游业作为经济发展的重要途径，成为刺激消费、扩大内需、调整经济结构、促进经济恢复与发展、改善民生、提高生活水平和增强幸福指数的重要力量，成为国家战略体系的一部分，在第三产业中的地位进一步上升。业态融合成为当期旅游业发展的重要特征。在此期间，中国基础设施不断完善，旅游消费随之进入了大众化时代。政府扩大内需的政策成为旅游业发展的动力，同时，在国家重大战略支持和科学技术发展的不断推动下，旅游业转型升级发展的速度加快，产业规模扩大、产业结构也得到了优化，产业功能被充分释放。

(4) 高质量发展阶段（2019年至今）。

全面建成小康社会对旅游业发展的质量提出了更高的标准，同时也为旅游业发展带来了重大机遇，我国旅游业将迎来新一轮黄金发展期。旅游消费的繁荣和旅游市场快速发展的同时，民众对旅游的需要由物质浅层转向精神深层，民众越来越追求高质量旅游。在文旅融合发展不断深入的背景下，伴随着科技与文化的交织，智慧旅游成为旅游业发展的重要动能，红色旅游、休闲旅游、康养旅游的需求将更加旺盛，体验经济、文旅夜间经济、虚拟经济、数字经济等多种经济发展业态成为促进旅游消费升级、激发城市活力、推动旅游高质量发展的重要途径，消费大众化、产业体系现代化、旅游需求的品质化、旅游竞争国际化、发展全域化成为这一时期发展的主要趋势。

逐渐起步阶段（1978—1991年）
20世纪70年代末，中国旅游业几乎从零开始，依托国家外事接待开始小规模地接受外国旅游团的观光旅游，其主要目的是增加外汇储备，且对旅游接待相关工作都有严格的管理制度，主要以事业型管理为主

快速推进阶段（1992—2008年）
随着社会主义市场经济体制的逐步完善，以市场为主导的民营经济开始焕发活力，这直接促进了国内旅游和出境旅游的繁荣。在此阶段，旅游业发展迅速。但作为一种新兴产业，此阶段中国旅游业的产业结构、维度还过于简单，存在延展性不足的问题

业态融合阶段（2009—2018年）
中国逐渐步入大众旅游时代。2008年经济危机的爆发使全球经济进入低迷期，消费需求骤降，中国经济面临着新考验，需要迎合消费来拉动经济发展，业态融合成为当期旅游业发展的重要特征

高质量发展阶段（2019年至今）
大众对于旅游的需要由物质浅层转向精神深层，民众越来越追求高质量旅游。随着中国人口老龄化进程加快，高净值群体数量增多，智慧旅游、康养旅游的需求将更加旺盛

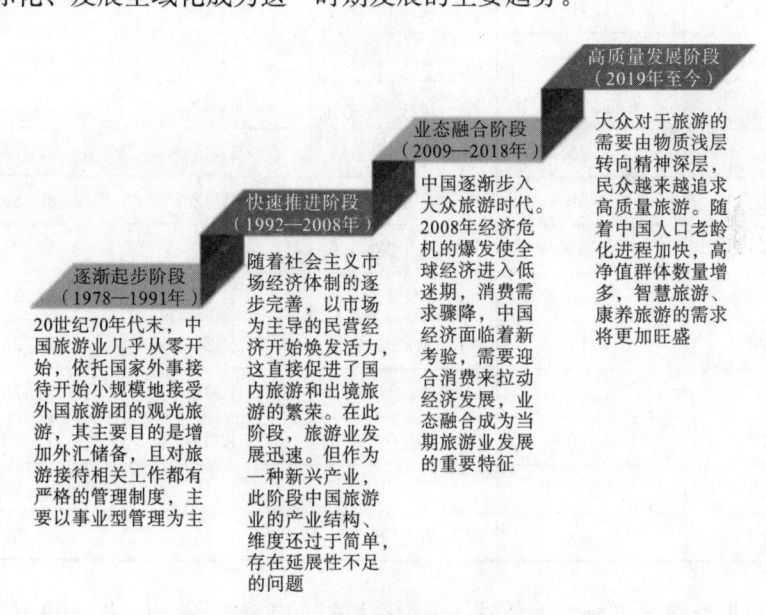

图 4.1 中国旅游行业发展阶段

自改革开放以来，我国旅游业经过 40 年左右的迅猛发展，旅游市场规模不断扩大，实现了包括国内旅游、入境旅游、出境旅游在内的旅游行业全面繁荣发展。成功实现了从旅游短缺型国家到旅游大国的历史性跨越。近年来，国内游客人数保持持续增长趋势，2019 年国内游客人数达到 60.06 亿人次，相比于 2000 年的 7.44 亿人次，增长了 7 倍。2000—2019 年全国旅游总收入及旅游人数见表 4.1。

表 4.1　2000—2019 年全国旅游总收入及旅游人数

年份	旅游总收入（万亿元）	国内旅游人数（亿人次）	入境旅游人数（亿人次）	总旅游人数（亿人次）
2000	0.45	7.44	0.83	8.27
2001	0.50	7.84	0.89	8.73
2002	0.56	8.78	0.98	9.76
2003	0.49	8.70	0.92	9.62
2004	0.68	11.02	1.09	12.11
2005	0.77	12.12	1.20	13.32
2006	0.90	13.94	1.25	15.19
2007	1.10	16.10	1.32	17.42
2008	1.16	17.12	1.30	18.42
2009	1.29	19.02	1.26	20.28
2010	1.57	21.03	1.34	22.37
2011	2.25	26.41	1.35	27.76
2012	2.59	29.57	1.32	30.89
2013	2.95	32.62	1.29	33.91
2014	3.73	36.11	1.28	37.39
2015	4.13	40.00	1.34	41.34
2016	4.69	44.40	1.38	45.78
2017	5.40	50.01	1.39	51.40
2018	5.97	55.39	1.41	56.80
2019	6.63	60.06	1.45	61.51

2019 年全国入境旅游人数达 1.45 亿人次，出境旅游市场达 1.69 亿人次，全都创下了历史新高。在出境旅游人数和旅游消费领域我国目前均位居世界第一，自 2012 年我国首次在出境游消费指标居于世界首位，消费总额达到 1020 亿美元，2018 年达到 2773 亿美元，保持世界第一大出境旅游客源国地位，旅游消费也常年居于世界首位。调查数据表明，2019 年中国前十大出境游旅游目的地国家分别是日本、韩国、美国、泰国、澳大利亚、新加坡、法国、英国、加拿大、新西兰。2012—2019 年中国公民出境旅游人数变化趋势，如图 4.2 所示。

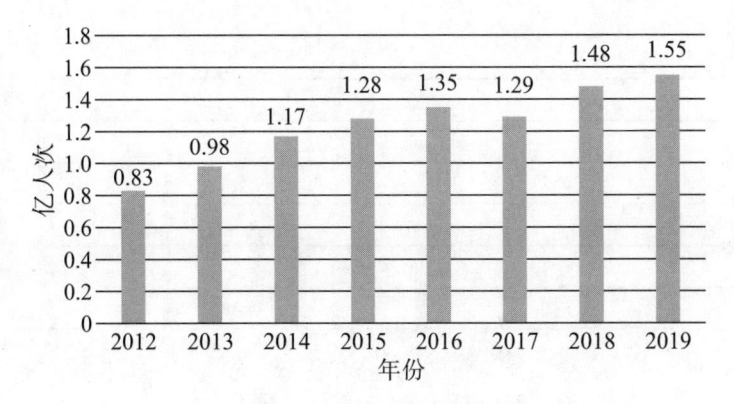

图 4.2　2012—2019 年我国公民出境旅游人数变化趋势

在入境旅游方面，中国成为全球第四大入境旅游接待国。2019 年入境旅游收入达到 1313 亿美元，是 2012 年的 2.63 倍，入境游客数量稳步增长，中国以更加开放的姿态、更加完善的旅游服务设施、更加自信坚韧的中国特色旅游发展路线成为越来越多的外国游客的首选目的地。2012—2019 年入境中国游客人数变化趋势，如图 4.3 所示。

图 4.3　2012—2019 年入境中国游客人数变化趋势

4.1.2　旅游业在国民经济中的地位和作用

（1）经济发展的新引擎。

目前，世界上的新兴行业中，旅游业是发展最快速、前景最广阔的行业之一。特别是进入 21 世纪以来，随着我国经济转型和产业结构的优化升级，服务业发展迅速，在国民经济中的地位不断提升，其中旅游业为服务业中最显著的代表之一。2000—2019 年，我国旅游总收入从 0.45 万亿元增长至 6.63 万亿元，20 年间增长了近 14 倍（图 4.4）。

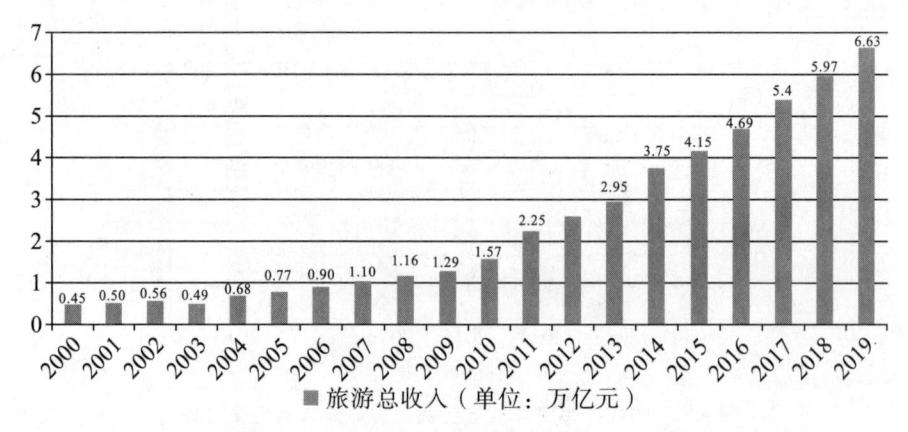

图 4.4 2000—2019 年我国旅游总收入趋势

旅游业在国民经济中的重要性正逐年提升，2011 年国内旅游收入占国内生产总值（GDP）的 3.96%，2019 年国内旅游收入已占国内生产总值的 5.78%，旅游行业发展成为国民经济的重要组成部分。2014—2019 年我国旅游综合贡献额占 GDP 比例情况，如图 4.5 所示。

图 4.5 2014—2019 年我国旅游综合贡献额占 GDP 比例情况

（2）就业增长的稳定器。

至 2019 年，全国旅游业实现旅游总收入 6.63 万亿元，对 GDP 的综合贡献额为 10.94 万亿元，约占 GDP 的 11.05%，对住宿、餐饮、民航、铁路客运业的贡献率超过 80%，旅游直接和间接就业 7987 万人，对社会就业综合贡献率为 10.31%。2015—2019 年全国文化和旅游单位数量及从业人员情况，如图 4.6 所示。

图 4.6　2015—2019 年全国文化和旅游单位数量及从业人员情况

(3) 投资创收的新动力。

旅游业作为综合性产业，除了经济效益还具有社会效益与生态效益，吸引了各方资本的竞相进入，经过前一时期疯狂竞逐，逐步回归理性后，旅游投资仍然增长强劲。在我国经济下行压力加大的现实中，旅游投资能够不断保持向上，成了一个极具潜力的投资领域和社会的投资热点。

旅游投资一直呈现出欣欣向荣的蓬勃发展之势。自 2015 年全国旅游直接投资突破 1 万亿元大关后，2016 年达到 1.3 万亿元，同比增长 29.1%。2017 年旅游投资达 1.5 万亿元，同比增长 15.3%。其中，民间资本是旅游投资的主力军，投资占比高达 60%。此外，政府部门还通过设立旅游产业基金、专项建设资金等方式，鼓励和引导更多社会资本投入旅游业，促进多元主体的投资模式形成。在全域旅游战略背景下，旅游政策红利被进一步释放，旅游产业得以不断转型升级。2012—2018 年全国旅游直接投资趋势，如图 4.7 所示。

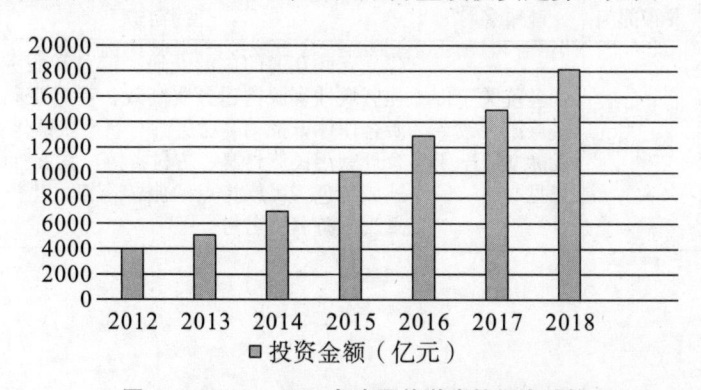

图 4.7　2012—2018 年全国旅游直接投资趋势

随着文旅融合的深入发展，全国各省市均采取不同的措施吸纳投资项目与投资资金，依托深厚的文化底蕴和丰富的旅游资源，抢抓文旅融合的发展机遇，精准进行地区文旅产业宣传，彰显文旅融合品牌形象。以优质的项目助推高质量的旅游经济的发展。吸引越来越多资金涌入文旅项目投建中，使得各地的文旅工程遍地开花，因此，文旅融合发展从理念走向行动，从文化的理念发展旅游，让旅游更有"诗意"，用旅游的载体传播文化，让文化走向"远方"。

4.1.3 旅游业发展环境分析

（1）政策环境。

旅游业因其特殊的行业属性，在刺激消费需求、拉动经济增长、保护生态环境、吸纳社会就业等多个方面都具有积极意义。近年来，党中央、国务院高度重视旅游业发展，提出要把旅游业打造成为满足国民对于美好生活的追求、加强国民素质、推动社会进步、彰显中华文化自信的重要渠道，将旅游开发与生态建设结合，促进人与自然和谐共处。并制定了一系列鼓励与支持旅游业发展的方针政策，旅游业被提高到前所未有的战略高度。

近年来，我国相继发布了一系列政策以支持旅游行业发展，这不仅有利于加强区域之间的合作交流，促进互联互通、高效务实的旅游交通网络的建设，打造互利互惠的区域合作体；还能够为旅客提供更快捷、更方便的旅游交通服务，增强旅客对于旅游市场的信心，激发消费潜能，释放消费潜力，催生消费新形态。2015—2022年国家层面旅游行业相关政策见表4.2。

表4.2 2015—2022年国家层面旅游行业相关政策

发布时间	发布部门	政策名称	重点内容
2015年	国务院	国务院关于促进旅游业改革发展的若干意见	建立互联互通的旅游交通、信息和服务网络，加强区域性客源构建务实高效、互惠互利的区域旅游合作体，推动乡村旅游与新型城镇化有机结合，合理利用民族村寨、古村古镇，发展有历史记忆、地域特色、民族特点的旅游小镇，建设一批特色景观旅游名镇名村

续表

发布时间	发布部门	政策名称	重点内容
2015年	国务院	关于进一步促进旅游投资和消费的若干意见	着力改善旅游消费软环境。建立健全旅游产品和服务质量标准，规范旅游经营服务行为，提升宾馆饭店、景点景区、旅行社等管理服务水平。大力整治旅游市场秩序，严厉打击虚假广告、价格欺诈、欺客宰客、超低价格恶性竞争、非法一日游等旅游市场顽疾，进一步落实游客不文明行为记录制度。健全旅游投诉处理和服务质量监督机制，完善旅游市场主体退出机制。深化景区门票价格改革，调整完善价格机制，规范价格行为。大力弘扬文明旅游风尚，积极开展旅游志愿者公益服务，提升游客文明旅游素质
2016年	国务院	"十三五"旅游发展规划	发挥市场在资源配置中的决定性作用，遵循旅游市场内在规律，尊重企业的市场主体地位。更好发挥政府作用，营造良好的基础环境、发展环境和公共服务环境。以创新推动旅游业转型升级，推动旅游业从资源驱动和低水平要素驱动向创新驱动转变，使创新成为旅游业发展的不竭动力
2018年	发展改革委、财政部等部门	促进乡村旅游发展提质升级行动方案（2018—2020年）	推进全国乡村旅游道路建设。结合"四好农村路"建设，统筹考虑全国乡村旅游道路发展，完善农村公路网络布局，加快乡镇、建制村硬化路"畅返不畅"整治，优化通建制村硬化路路线走向，尽可能串联带通更多自然村，推进较大自然村通硬化路建设，加快提升改造低等级农村公路
2019年	国务院	关于进一步激发文化和旅游消费潜力的意见	推动实施移动支付便民示范工程，提高文化和旅游消费场所银行卡使用便捷度，推广移动互联网新兴支付方式。鼓励把文化消费嵌入各类消费场所，依托社区生活综合服务中心、城乡便民消费服务中心等打造群众身边的文化消费网点。鼓励依法依规对传统演出场所和博物馆进行设施改造提升，合理配套餐饮区、观众休息区、文创产品展示售卖区、书店等，营造更优质的消费环境

有了国家层面的政策方案与规划方针，旅游业进一步明确未来发展方向与目标，长期稳定地健康发展。区域交通网络布局不断优化，区域合作机制逐步建成，受惠于交通建设的旅游业，在发展过程中不断注入新动能，实现新发展。2020年旅游景区十大品牌见表4.3。

表 4.3　2020 年旅游景区十大品牌

景区	基本情况
黄山风景名胜区	黄山，是文化之山。黄山文化资源可以用"五胜"概括，也就是历史遗存、书画、文学、传说、名人这五种文化形态
泰山名胜区	泰山的形成经历了一个漫长而又复杂的演化过程，大体上可分为古泰山形成阶段、海陆演化阶段和泰山形成阶段
桂林漓江风景区	桂林是典型的喀斯特地貌，当水选择流经这座城市的时候，除了冲刷出简单规整的河道外，浸润这片土地的肌理成了它的重要节奏
厦门鼓浪屿风景名胜区	厦门市鼓浪屿风景名胜区位于福建省厦门岛西南隅，与厦门市隔海相望。原名圆沙洲、圆洲行，因海西南有海蚀洞受浪潮冲击，声如播鼓，明朝雅化为今名
天山天池风景名胜区	天山天池位于新疆阜康市境内的博格达峰下的半山腰，东距乌鲁木齐 110 公里，海拔 1980 米，是一个湖面呈半月形天然的高山湖泊
杭州西湖风景名胜区	西湖傍杭州而盛，杭州因西湖而名。自古以来，"天下西湖三十六，就中最美是杭州"，以西湖为中心的西湖景区，是国务院首批公布的国家重点风景名胜区
张家界黄龙洞旅游区	黄龙洞景区位于湖南省张家界市核心景区武陵源风景名胜区内，属典型的喀斯特岩溶地貌，享有"世界溶洞奇观""世界溶洞全能冠军""中国最美旅游溶洞"等盛誉
世界魔鬼城景区	克拉玛依魔鬼城属于雅丹地貌，在大自然鬼斧神工长期作用下，形成了一个梦幻般的迷宫世界
敦煌雅丹国家地质公园	敦煌雅丹国家地质公园俗称敦煌雅丹魔鬼城，是敦煌西线旅游大景区的一个重要组成部分，距离敦煌市区 180 公里，位于玉门关西北边，景区分南北两区
海南三亚亚龙湾	海南三亚亚龙湾，有天下第一湾、东方夏威夷之称，是避寒休闲旅游胜地。亚龙湾气候宜人，冬可避寒、夏可消暑、自然风光优美、青山连绵起伏、海湾波平浪静

目前，国内已有三分之二的省市都把旅游业作为经济发展的主导产业加以优先发展。大力发展旅游业已成为各级政府部门的普遍共识，各地政府纷纷成立旅游发展委员会，建立旅游综合化治理机制，统筹协调各方力量，加快当地旅游业发展。各省市积极推动旅游行业发展，以创新为动力，打造旅游发展新引擎。坚持创新驱动，着力形成旅游投资消费的新思路、新举措和新成效，探索旅游工作新机制。

表4.4 各省市促进旅游发展相关政策

省市	政策名称	重点内容
上海	上海市旅游业改革发展"十三五"规划	"十三五"规划期间，更加注重城市休闲、度假空间建设，进一步盘活存量、做优增量，推动旅游与城市相关系统深度融合，培育发展城市高品质文化休闲和度假服务功能，为市民和游客提供便于进入的休闲游憩场所，努力打造商、旅、文、体等要素集聚、功能完善、城旅一体的都市旅游景观新体系，构建上海旅游"三圈三带一岛"发展空间
广东	广东省人民政府关于促进旅游业改革发展的实施意见	加快转变旅游发展方式。以传统旅游产品升级为重点，推动旅游开发向集约型转变，促进观光、休闲、度假三大旅游市场全面发展。充分发挥旅游产业园区作用，构建旅游产业集群。推动优势旅游企业实施跨地区、跨行业、跨所有制兼并重组，打造一批国内领先的产业集团和产业联盟
黑龙江	黑龙江省旅游业"十三五"发展规划	遵循景观延续性、文化完整性、市场品牌性和产业集聚性原则，依托线性的江、河、山等自然文化廊道和交通通道，串联重点旅游城市和特色旅游功能区，推进跨区域资源要素整合，构筑"一城六带"旅游发展新格局
安徽	安徽省"十三五"旅游业发展规划	以创新为动力，打造旅游发展新引擎。坚持创新驱动，着力形成旅游投资消费的新思路、新举措和新成效，探索旅游工作新机制，充分发挥市场在资源配置中的决定性作用。建立旅游市场新秩序，完善旅游企业退出机制。以旅游供给侧结构性改革为切入点，结合当前旅游消费热点，强化产品创新开发，创新旅游品牌新体系。探索多元化经营、多元化融资模式，培育市场新主体，构建产业新体系。引导各地创新重点项目，形成可复制、可推广的经验。创新旅游人才培养方式，提升旅游人才培养质量，着力增强旅游业发展新动能
山东	山东省人民政府关于大力推进旅游业又好又快发展的若干意见	各级政府财政预算应设立旅游发展专项资金，并视财力增长状况逐步加大扶持力度，主要用于旅游形象宣传、编制规划、建设公益性服务项目、对旅游商品开发以及重点旅游项目的启动等。在国家预算投资、国债投资、国债转贷、国债贴息资金中，优先支持发展旅游建设项目
江苏	省政府关于推进旅游业供给侧结构性改革促进旅游投资和消费的意见	紧紧抓住国家"一带一路"、长江经济带建设的重要机会，深入挖掘鉴真东渡、郑和下西洋等历史人文资源，打造"海上丝绸之路"旅游带的江苏品牌。统筹推进沿海地区旅游业一体化发展，打造江海联动的江苏沿海旅游带，创新海洋旅游业态，大力开发海洋旅游产品。积极拓展境内外海洋旅游线路，在我省沿海地区建设国际邮轮停靠港。推动我省长江黄金水道旅游带建设，加快游轮母港等重要基础设施建设，打造江海一体的旅游发展格局。合理利用近海岛屿和长江岛、洲资源打造休闲度假旅游区

(2) 经济环境。

旅游业的发展程度与 GDP 增长密切相关，GDP 增长能够在某种程度上反映旅游行业的发展。经济环境的稳定和良好发展，使旅游经济能够保持比 GDP 增速更快的增长，这为旅游业提供了发展的机遇和环境，进而使旅游产业成为我国战略发展的核心产业。同时，旅游业作为经济产业之一，其蓬勃发展也助力了我国经济的良好增长。2000—2019 年我国 GDP 及其增长率情况，如图 4.8 所示。

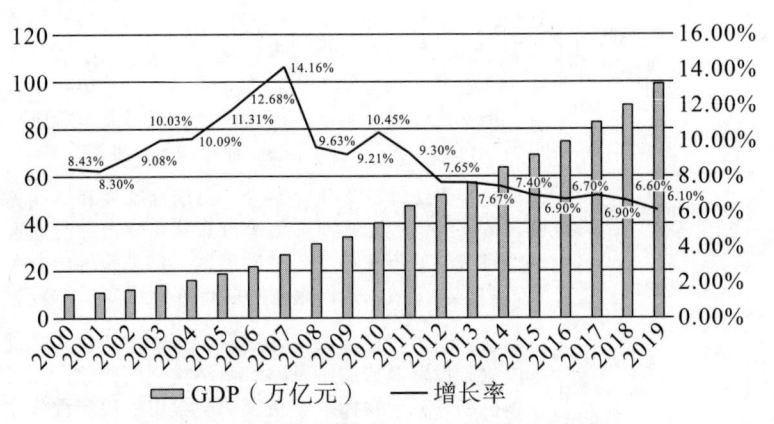

图 4.8　2000—2019 年我国 GDP 及其增长率情况

(3) 社会环境。

国家统计局公布的第七次全国人口普查数据显示，近 10 年来我国人口数量及规模长期保持低速增长态势。旅游业的发展与人口数量、人口结构息息相关。具体来说，人口数量增加将引起旅游需求扩张，进而会促进旅游行业的发展。2010—2019 年我国总人口数及其增长率情况，如图 4.9 所示。

第七次全国人口普查数据显示，我国城镇人口比例上升了 14.21%。得益于我国农业现代化、信息化和信息工程化等发展战略的深入发展，我国的新型城镇化工作进程稳步推进，城镇化发展取得了历史性成就。若以城镇人口占比作为衡量城镇化程度的指标，由 2010—2019 年我国城镇人口占比变化趋势可知，我国城镇化正逐年有序进展。一个地区的旅游业发展与当地城镇化程度密不可分，城镇化程度高将使我国旅游需求上升。

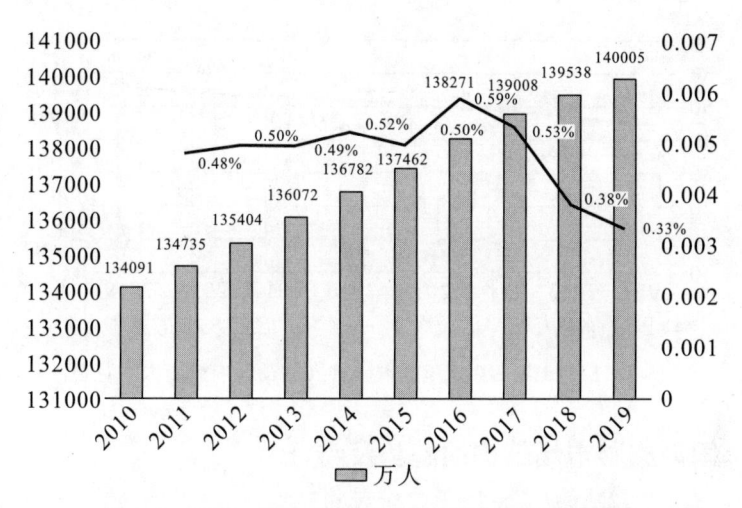

图 4.9　2010—2019 年我国总人口数及其增长率情况

与此同时，居民旅游意愿增强也是旅游行业蓬勃发展的动力之一。旅游逐渐成为一种大众休闲娱乐的生活方式。而且伴随人们生活水平提高以及消费主体和消费观念的改变，人民群众旅游的需求也日益旺盛，对旅游服务和产品的品质也提出了更高的要求。2015—2019 年国内旅游城乡客源市场（图 4.10），2012—2019 年国内游客人数及国内旅游人均花费（图 4.11）。

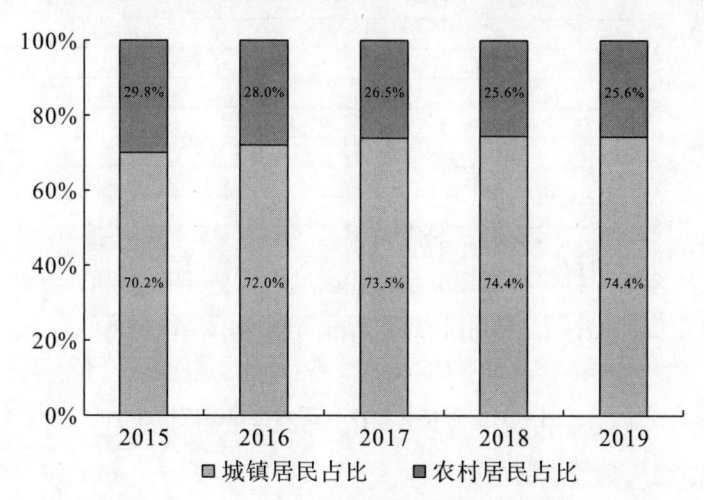

图 4.10　2015—2019 年国内旅游城乡客源市场

图 4.11　2012—2019 年国内游客人数及国内旅游人均花费

4.1.4　国内旅游市场结构的趋势及特征

（1）城乡客源市场呈二元结构。

从城乡划分来看，城镇居民是我国国内旅游的主要客源市场。2019年城镇居民花费 4.75 万亿元，增长 11.6%，占国内旅游收入的 82.9%；农村居民花费 0.97 万亿元，增长 12.1%。随着乡村振兴战略全面推进，农村居民的出游率在稳步提升，是国内旅游发展的重要潜在市场。2015—2019 年国内游客组成情况，如图 4.12 所示。

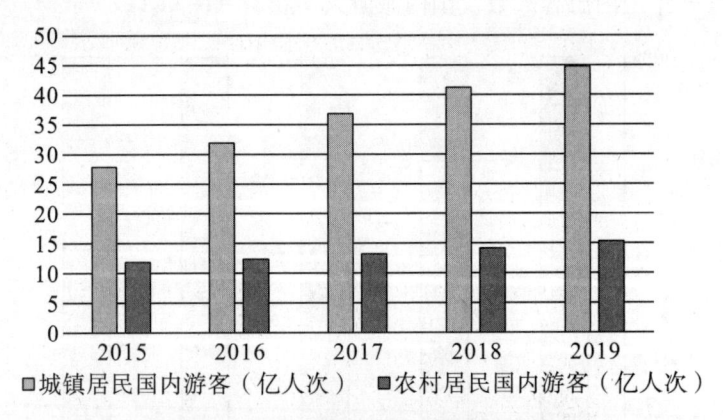

图 4.12　2015—2019 年国内游客组成情况

（2）区域发展有明显的差异性。

我国区域旅游流空间格局大体稳定，呈现出以下特点：东部地区凭借较强旅游交通便捷优势，在旅游客流量方面也占有较高的比例，因此"东高西低"是我国目前各区域旅游产业综合发展水平的态势。东部地区的旅游综合发展指数总体而言高于中西部地区。西部地区的旅游收入及旅游人次增长率发展势头迅猛。综合考虑出游次数和停留时间，国内旅游客源市场呈现出显著的区域分布特征。2019年东部区域占据了51.5%的国内旅游客源市场,其次是西部区域占据了26.4%,中部区域占据了19.9%,而东北区域仅占2.1%[①]。2019年我国各地区旅游客源市场结构分布,如图4.13所示。

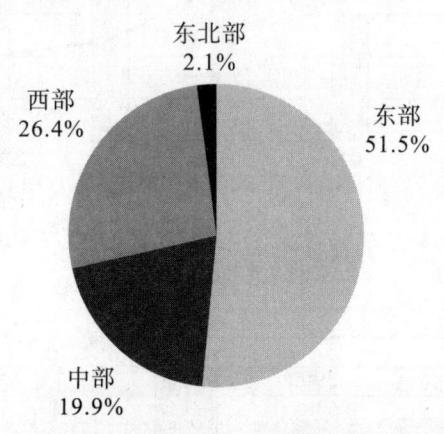

图4.13 2019年我国各地区旅游客源市场结构分布

(3) 在线旅游成为旅游市场的新经济增长点。

在线旅游(Online Travel Agency,OTA)是指消费者通过互联网来购买、预定旅游服务产品的行为。其包括综合性旅游平台和旅游短租平台,前者是以机票、酒店、门票的预订为基础,后者是以民宿短租预订为主。近年来,随着新媒体的传播与发展、互联网相关技术的快速进步以及旅游需求的不断激发,在线旅游行业交易规模不断扩大,增长势头十分迅猛,2015年、2016年均保持较高的增长率,分别是39.90%和40.02%,虽然之后的增长趋势有所放缓,但依然有明显的增长。2015—2019年我国在线旅游行业交易规模及其增长率情况,如图4.14所示。

在线旅游行业的兴起也促进了在线旅游预订用户规模的不断壮大,越来越多的客户将在线预订作为购买旅游产品与服务的重要途径。2015—2019年我国在线旅游预订用户规模,如图4.15所示。

---

① 数据取了近似值,百分比之和为99.9%,在误差范围内。

图 4.14 2015—2019 年我国在线旅游行业交易规模及其增长率情况

图 4.15 2015—2019 年我国在线旅游预订用户规模

（4）快捷高效旅游交通赋能旅游发展。

截至 2019 年底，我国高速公路网络已经覆盖近 100% 的人口超过 20 万的城市，里程约 16.1 万公里，高铁也已经覆盖近 95% 的人口超过百万的城市，营业里程已达 3.8 万公里，我国民航机场已经覆盖 92% 的地级行政区。曾经因交通不便而难以发展的革命老区、民族地区、边疆地区、贫困地区等地区的交通通达也进一步得到了提高。在城乡之间旅游方面，城乡公共交通的完善也促进了本地游和乡村游的发展。

"快进慢游"是国内旅游新特征，多个城市群、经济带等重点区域的交通已经连片成网，区域交通网络建设不仅有效促进了区域旅游目的地一体化，更推动了交通与旅游的融合发展，旅游交通本身也成了旅游的一部分，升级成为游客打卡的特色地标和旅游景点，进一步强化与完善了旅游服务功能。

4.2 旅游分布演变趋势现状

4.2.1 旅游规模分布

4.2.1.1 旅游收入分布

以 2019 年各省级行政区旅游收入数据进行分析，如图 4.16 所示，江苏省、广东省、贵州省、四川省、山东省、云南省、广西壮族自治区、湖南省、浙江省的旅游收入居于全国前列，从侧面可以反映出各省（自治区、直辖市）的旅游发展状况。

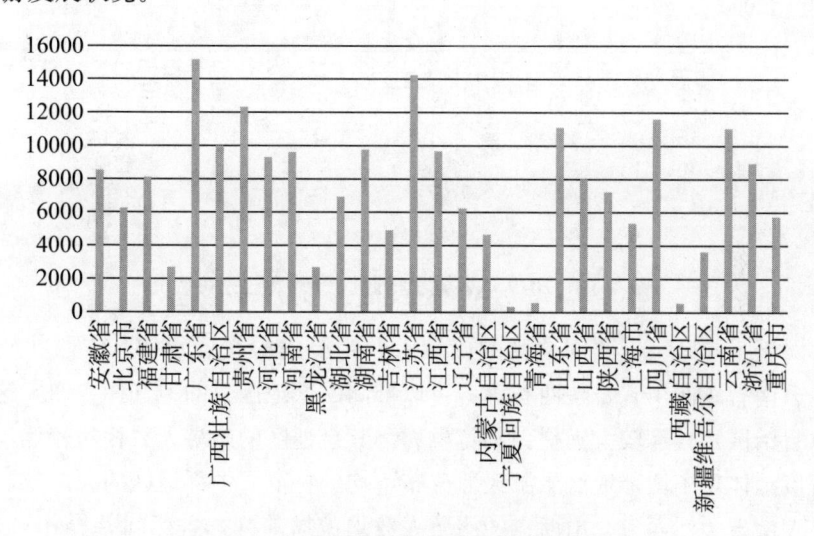

图 4.16 2019 年各省级行政区旅游收入情况

对于不同区域，西部地区的旅游收入主要集中于贵州省、四川省、云南省、广西壮族自治区，西藏自治区、青海省、宁夏回族自治区的旅游收入相对较低，西部地区的旅游收入分布不均匀，不同收入梯队的省（自治区）相差较悬殊。中部地区的旅游收入较均匀，河南省、湖南省、江西省、安徽省等的旅游收入较高，东北部地区的黑龙江省、吉林省的旅游收入相对较低。东部地区的旅游收入主要集中于广东省、江苏省、山东省等，且各省（直辖市）之间存在一定差异。

4.2.1.2 旅游人数分布

整体来看（图 4.17），贵州省、河南省、广西壮族自治区、山东省、云南省、江苏省的旅游人数较多，与旅游收入基本保持一致，侧面反映出各地区的旅游发展状况。

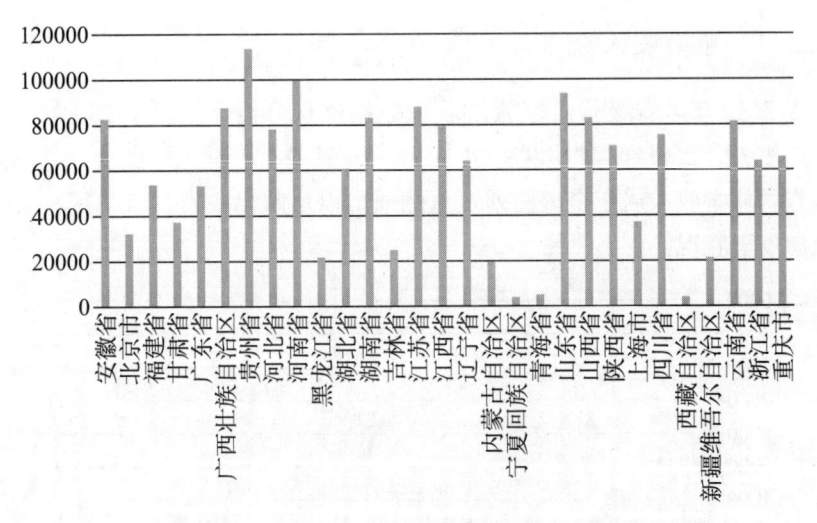

图 4.17　2019 年各省级行政区旅游人数分布情况

对于不同区域，西部地区的旅游人数主要集中在贵州省、广西壮族自治区、云南省、四川省、陕西省等，可以推测西部地区目的地选择方面，这几个省（自治区）具有较大吸引力和竞争力。其余地区的旅游人数相对较低，在一定程度上体现了西部地区旅游人数分布不均的特征。中部地区的河南省、安徽省、湖南省、江西省、山西省的旅游人数均位居前列，省际间差异相对较小。黑龙江省、吉林省作为东北老工业经济区，旅游发展程度相较中部地区其他省份有所欠缺，因此旅游人数分布具有一定倾斜性。东部地区整体上各省（直辖市）的旅游人数在全国而言均较高，在一定程度上反映出东部地区的旅游发展水平，同时我们也有理由认为，当地的旅游人数也受到经济发展水平、人口规模、交通通达程度以及旅游资源禀赋等因素影响。从省际差异及分布来看，东部地区各省（直辖市）的旅游人数分布相对较为均匀。

4.2.1.3 出入境旅游分布

从 2019 年我国入境游客的洲际分布情况［图 4.18（a）］来看，亚洲游客占比为 76%，排名第一；欧洲游客占比为 13%，排名第二；美洲游客占比为

8%,排名位列第三;大洋洲游客和非洲游客分别占比为 2%、1%。

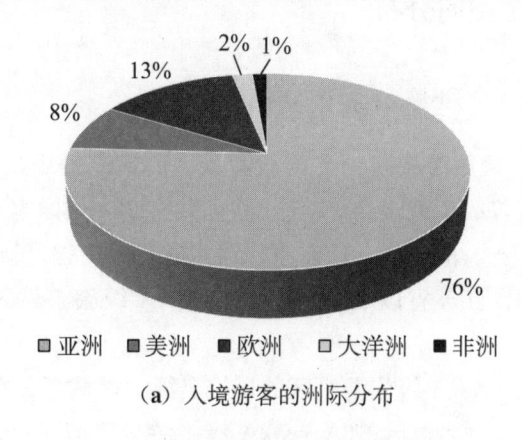

2% 1%
13%
8%
76%

□亚洲　■美洲　■欧洲　□大洋洲　■非洲

(a) 入境游客的洲际分布

2679, 19%
3188, 22%
613, 4%
8050, 55%

■外国人　■香港同胞　■台湾同胞　□澳门同胞

(b) 入境游客人数分布

图 4.18　2019 年入境旅游游客情况

从 2019 年我国入境旅游具体人数分布[图 4.18 (b)]来看,香港同胞游客人数排名第一,为 8050 万人次,占比为 55%;外国游客入境旅游人数排名第二,为 3188 万人次,占比为 22%;澳门同胞游客人数排名位列第三,为 2679 万人次,占比为 19%;台湾同胞游客人数占比为 4%,数量为 613 万人次。

随着我国经济持续健康发展,加之我国居民收入水平和人均可支配收入水平的提高,出境游成为越来越多的国民所喜爱的休闲项目之一。中国出境旅游人数在逐年增长,国民的足迹遍布全球。2019 年,中国前十大出境游目的地国家分别是日本、韩国、美国、泰国、澳大利亚、新加坡、法国、英国、加拿大、新西兰。同时,我国境外旅游支出位居世界首位,其中,境外消费客源省(直辖市)排行前三的分别是广东、上海、北京,江苏省、浙江省、四川省、湖北省、山东省、福建省、辽宁省紧跟其后。

4.2.2 旅游资源空间分布

4.2.2.1 AAAAA级旅游景区空间分布

国家 AAAAA 级旅游景区为我国旅游景区的最高等级，代表高质量、高品质的旅游风景区等级。截至 2019 年，我国共有 280 处国家 AAAAA 级旅游景区。其中，江苏省、浙江省、广东省、河南省、四川省、新疆维吾尔自治区数量分布位居前列。江苏省以 24 个国家 AAAAA 级旅游景区数量位列第一，远超其他省份。

东部地区的 AAAAA 级旅游景区数量排名第一，截至 2019 年，总数量为 119，占比 42.5%。中部地区的 AAAAA 级旅游景区数量排名第二，数量为 84，占比 30.0%。西部地区的 AAAAA 级旅游景区数量与东部地区和中部地区相比较少，数量为 77，占比 27.5%。整体来看，AAAAA 级旅游景区数量在东、中、西部的占比相对比较平均，没有显著差异。

4.2.2.2 世界遗产空间分布

世界遗产是指被联合国教科文组织和世界遗产委员会确认的人类罕见的、无法替代的财富，是全人类公认的具有突出意义和普遍价值的文物古迹及自然景观。世界遗产包括世界文化遗产、世界自然遗产、世界文化与自然双重遗产。截至 2019 年，中国拥有世界遗产 55 项，中国的世界遗产总数居世界第二，是名副其实的世界遗产大国。世界遗产在全国各省（自治区、直辖市）的分布情况不一，其中，北京市以 7 项世界遗产数量位列各省（自治区、直辖市）第一，河南省以 6 项世界遗产数量位列第二。

世界遗产数量在东、中、西部分布得相对比较均匀，没有显著差异。截至 2019 年，中部地区世界遗产总数为 21 个，占比为 38%。东部地区和西部地区的世界遗产数量分别为 16 和 18 个，占比分别为 29% 和 33%。

4.2.2.3 国家级风景名胜区空间分布

国家级风景名胜区是指具有观赏、文化或者科学价值，自然景观、人文景观比较集中，环境优美，可供人们游览或者进行科学、文化活动的区域。截至 2019 年，国务院共公布了 9 批、244 处国家级风景名胜区。风景名胜资源是中华民族珍贵的、不可再生的自然文化遗产。湖南省、浙江省、福建省、江西省、贵州省分别为国家级风景名胜区数量排名前五，是主要的国家级风景名胜区的分布省份。

中部地区的国家级风景名胜区数量排名第一，截至 2019 年，总数量为 82，占比为 44%，远超东部地区与西部地区。东部地区和西部地区的国家级风景名胜区数量几乎持平，分别为 53 和 52，占比约为 28%。

4.2.2.4　国家级自然保护区空间分布

国家级自然保护区是对有代表性的自然生态系统、珍稀濒危野生动植物种的天然集中分布区、有特殊意义的自然遗迹等保护对象所在的陆地、陆地水体或者海域，依法划出一定面积予以特殊保护和管理的区域。截至 2019 年，国家级自然保护区共有 474 个，占国土面积的 9.7%。其中，黑龙江省以 49 个国家级自然保护区位于各省（自治区、直辖市）首位，四川省以 32 个国家级自然保护区排名第二。

中部地区的国家级自然保护区数量排名第一，截至 2019 年，总数量为 187，占比约为 39.5%，远超东部地区与西部地区。西部地区的自然保护区数量排名第二，数量为 157，占比约为 33.1%。东部地区的自然保护区数量与中部地区和西部地区相比较少，数量为 130，占比 27.4%。

4.2.2.5　国家地质公园空间分布

国家地质公园是以具有国家级特殊地质科学意义，较高的美学观赏价值的地质遗迹为主体，并融合其他自然景观与人文景观而构成的一种独特的自然区域。截至 2019 年，我国共公布十批国家地质公园资格名单，全国各省（自治区、直辖市）的国家地质公园数量分布，在一定程度上反映出不同地区的地质遗迹资源禀赋。

中部地区的国家地质公园数量排名第一，截至 2019 年，总数量为 84，占比为 43%，远超东部地区与西部地区。西部地区的国家地质公园数量排名第二，数量为 68，占比为 35%。东部地区的国家地质公园数量排名第三，数量为 43，占比为 22%。

4.2.2.6　国家森林公园空间分布

国家级森林公园是指森林景观特别优美，人文景物比较集中，观赏、科学、文化价值高，地理位置特殊，具有一定的区域代表性，旅游服务设施齐全，有较高的知名度，可供人们游览、休息或进行科学、文化、教育活动的场所。

中部地区的国家森林公园数量排名第一，截至 2019 年，总数量为 342，占比 49%，接近我国国家森林公园总数的一半，远超东部地区与西部地区。东部地区的国家森林公园数量排名第二，数量为 187，占比 27%。西部地区的国家森林公园数量排名第三，数量为 164，占比 24%。

4.2.2.7 非物质文化遗产资源空间分布

非物质文化遗产是指各族人民世代相传，并视为文化遗产组成部分的各种传统文化表现形式，以及与传统文化表现形式相关的实物和场所。非物质文化遗产资源是民族个性和民族审美的显现，依托于人本身而存在，表现出民族特殊的生产生活方式，与人们的生活方式及思维方式、民族情感、审美习惯紧密相连。截至 2019 年，我国共举办非物质文化遗产博览会五届，全国 31 个省（自治区、直辖市）均有非物质文化遗产资源分布。我国非物质文化遗产资源排名第一的省份是浙江省，数量为 233 个，远超于其他省份。浙江省、山东省、山西省、河北省、广东省数量分布排名前五。

东部地区的非物质文化遗产数量排名第一，截至 2019 年，总数量为 902，占比 38%。中部地区的非物质文化遗产数量排名第二，数量为 762，占比 32%。西部地区的非物质文化遗产数量与东部地区和中部地区相比较少，数量为 697，占比 30%。整体来看，世界文化遗产数量在东、中、西部的占比相对比较平均，没有显著差异。

4.2.3 旅游配套设施空间分布

本节将对 2019 年各省（自治区、直辖市）的旅游配套设施的空间分布数据进行具体分析。

2019 年旅行社数量排名前五的省（自治区、直辖市）分别是广东省、北京市、江苏省、浙江省、山东省，其中广东省、北京市旅行社数量超 3000 家，数量众多、体系完备。同时，由于旅行社数量的分布在东、中、西部有较大的差异，旅行社主要集中分布于东部地区经济发达省（直辖市）中，西部地区的旅行社数量较少，旅行社数量分布并不均衡。

旅行社数量最多的省份是广东省，为 3281 家。其次为北京市、江苏省、浙江省、山东省。宁夏回族自治区旅行社数量较少。从区域分布来看，旅行社数量分布在东、中、西部有较大的差异，旅行社数量主要集中分布于东部地区发达省（直辖市），中西部的旅行社数量均较少。在一定程度上，我们推测旅行社数量可能与经济发达程度、旅游开发状况、旅游资源禀赋以及人口规模有一定关联。

从总量上看，截至2019年底，全国星级酒店管理系统中的五星级酒店共有845家，占整个系统的8.45%。五星级酒店数量排名前五的省（直辖市）分别是广东省、浙江省、江苏省、上海市、北京市。其中广东省的五星级酒店数量远超其他。同时，由于五星级酒店数量的分布差异较为悬殊，个别省（自治区、直辖市）五星级酒店数量为个位数，而五星级酒店数量最多的是数量最少的50倍。此外，五星级酒店数量分布在东、中、西部有较大的差异，五星级酒店主要集中分布于东部地区经济发达省（直辖市），中西部地区的五星级酒店数量均较少。

截至2019年底，我国星级饭店管理系统中共有星级酒店10003家。其中一星级62家，二星级1658家，三星级4888家，四星级2550家，五星级845家。总体来看，各省（自治区、直辖市）中星级酒店数量超过500家的共有3个，超过400家的共有6个。其中，星级酒店数量分布最多的是广东省，其次为浙江省、山东省、北京市。宁夏回族自治区、吉林省等省（自治区）数量分布较少。总体而言，各省（自治区、直辖市）星级酒店数量分布差别较大。东部发达地区星级酒店数量较多，西部地区星级酒店数量相对较少。

博物馆机构数量分布排名第一的是山东省，山东省、浙江省、江苏省、浙江省、河南省的博物馆机构数量分布排名前五。海南省、青海省、西藏自治区的博物馆数量分布较少，且不同省（自治区、直辖市）之间的博物馆机构数量分布有较大悬殊，博物馆机构数量最多的省级行政区域是数量最少省级行政区域的20倍。从区域分布来看，博物馆机构数量分布在东、中、西部有较大的差异，博物馆机构主要集中分布于东部地区发达省市，中西部的博物馆机构数量均较少，博物馆机构数量分布并不均衡。

艺术表演场馆数量分布排名第一的是浙江省，浙江省、江苏省、河南省、山东省、山西省的艺术表演场馆数量分布排名前五。贵州省、西藏自治区、宁夏回族自治区艺术表演场馆分布较少，且不同省（自治区、直辖市）之间的艺术表演场馆机构数量分布有较大的悬殊性对比，其中数量最多的省（自治区、直辖市）是数量最低省（自治区、直辖市）的100倍。从区域分布来看，艺术表演场馆的数量分布在东、中、西部有较大的差异，艺术表演场馆主要集中分布于东部地区发达省（直辖市），中西部的艺术表演场馆数量均较少。

4.2.4 网络关注度空间分布

4.2.4.1 百度指数网络关注度

利用百度指数，通过关键词进行搜索，获得各省（自治区、直辖市）2011年1月1日到2019年12月31日的关注度数据。

利用百度指数对关键词"旅游"进行搜索，得到相关数据，如图4.19所示。从图中信息可以得出各省（自治区、直辖市）关于旅游关注度的整体日均分布。可以看到广东、北京、江苏、浙江、上海这五大省（直辖市）的整体日均关注度最高，我们推断对于旅游的关注度在一定程度上可能与经济发展状况存在一定关联。

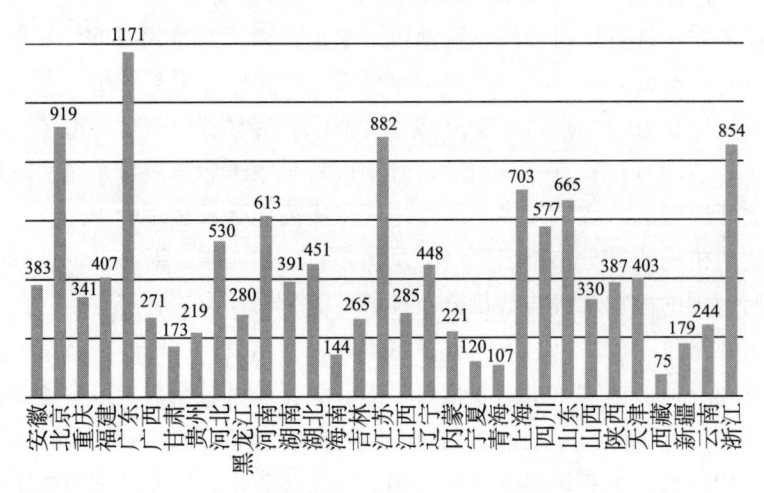

图 4.19　2011—2019 年搜索"旅游"百度指数整体日均关注度分布

利用百度指数对关键词"旅游景区"进行搜索，得到相关数据，如图4.20所示，可以得出各省（自治区、直辖市）关于旅游景区关注度的整体日均分布。从图4.20可以看到广东、浙江、江苏、河南、北京、上海、山东的整体日均关注度均居前列。因此，我们推测对于旅游景区百度指数的关注度与经济发展水平及旅游资源禀赋存在一定关联。

利用百度指数对关键词"旅游网站"进行搜索，得到相关数据，如图4.21所示，可以得出各省（自治区、直辖市）关于旅游网站关注度的整体日均分布。从图4.21可以看到广东、北京、上海的整体日均关注度分别位于前三。因此，我们推测对于旅游网站的关注度可能与人口规模及人口数量存在一定关联。

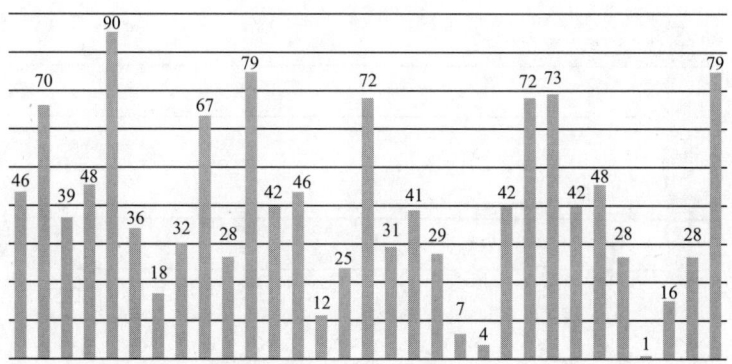

图 4.20　2011—2019 年搜索"旅游景区"百度指数整体日均关注度分布

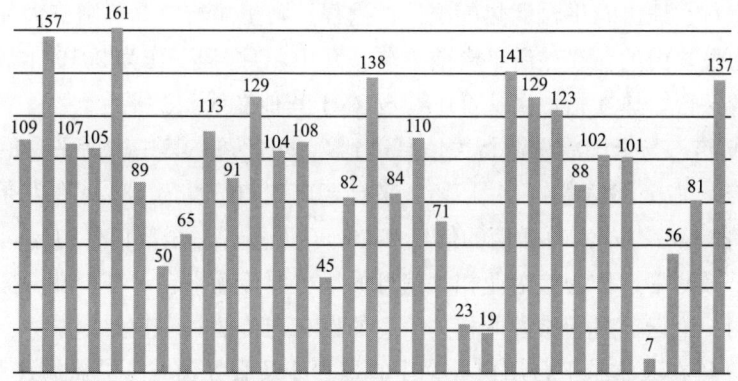

图 4.21　2011—2019 年搜索"旅游网站"百度指数整体日均关注度分布

4.2.4.2　平台用户对旅游关注度

微热点大数据平台于 2020 年发布《2019 年度中国旅游行业影响力分析报告》，该报告是关于全国旅游及其相关信息进行的综合数据统计，客观上反映了全国旅游及其相关信息的全网信息量与网络传播热度。

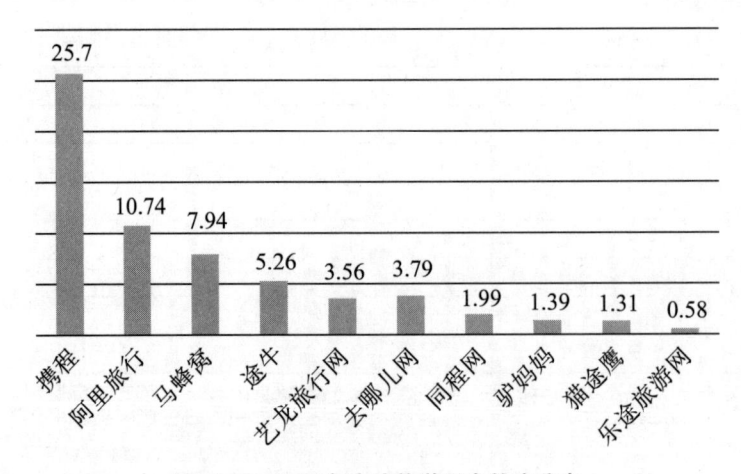

```
         25.7
          █
          █
          █     10.74
          █      █     7.94
          █      █      █     5.26
          █      █      █      █     3.56  3.79
          █      █      █      █      █     █     1.99  1.39  1.31
          █      █      █      █      █     █      █     █     █    0.58
         携程  阿里旅行 马蜂窝  途牛  艺龙旅行网 去哪儿网 同程网 驴妈妈 猫途鹰 乐途旅游网
```

图 4.22　2019 年在线旅游平台热度分布

根据对在线旅游平台的热度统计，携程、阿里旅行、马蜂窝三大在线旅游平台成为最热门的在线旅游平台前三名。其中，"携程"作为 2019 年最热门的在线旅游平台，热度指数高达 25.7，远高于其他在线旅游平台。

2019 年，与全国旅游业相关信息达到 2.96 亿条，其中微博平台的信息为 1.90 亿条，占全部信息的 64.19%；来自客户端的信息为 4342.70 万条，占全部信息的 14.67%；来自微信的信息 2529.90 万条，占全部信息的 8.55%。由此可知，微博平台作为旅游业相关信息的最主要传播平台，客户端、微信、网站、新闻、论坛等对于旅游业相关信息的发布与传播具有重要作用。

2019 年在线旅游平台用户最关注的是"涉及服务领域"，"旅游产品""品牌效应""价格""安全保障"也是用户们关注的热点之一。由此可见，不管是在线上还是线下，"服务"始终作为旅游的一大重要关注点。在使用在线旅游平台时，旅游产品和品牌、价格等成为消费者更容易进行检索与对比的门类，因此也受到一定的关注。

在 2019 年全国 AAAAA 级旅游景区热度排行榜中，故宫博物院的热度指数最高，位列排行榜榜首。这与故宫博物院在 2019 年开展的文创、沉浸式体验活动等密不可分，加上故宫博物院与互联网的融合，IP 的打造、文化内涵的深入挖掘与活化，不仅引领全国各大知名博物馆掀起了"博物馆热"，更为景区发展开辟出新路径，以跨界融合创造出更加丰富多彩的文化盛宴，创造出更多的社会价值、经济价值、文化价值。

4.3 高铁网络发展现状

4.3.1 国外高铁发展历史进程

国外高铁开通时间、名称及速度见表 4.5。

表 4.5 国外高铁开通时间、名称及速度

开通时间	名称	速度
1964	日本东海道新干线	210 km/h
1976	英国 Intercity 125	201 km/h
1978	意大利 Direttissima	254 km/h
1981	法国 TGV	270 km/h
1985	德国城际快车	320 km/h
1992	西班牙 HST-AVE	320 km/h
1992	瑞典西部干线	200 km/h
2000	美国阿西乐快线	240 km/h
2004	韩国 KTX	300 km/h
2009	荷兰高铁南线	300 km/h

1964 年，日本东海道新干线投入运营，揭开了高铁时代的序幕。该线路连接日本东京和大阪，以 210 km/h 的速度运行。

1976 年，英国城际 125 次列车投入运营，以 201 km/h 的速度运行，这是欧洲第一条升级使用的高速线路。

1978 年，意大利第一条高速铁路投入运营，以 254 km/h 的速度运行，该线路连接佛罗伦萨和罗马，意大利是欧洲最早实现铁路高速化的国家。

1981 年，法国 TGV 投入运营，时速为 270 km/h，该线路连接巴黎与里昂。此后，法国频繁刷新运行速度的最高纪录，为当今世界上高速铁路技术发展水平最高的国家之一。

1985 年，德国城际快车投入运营，该线路连接汉堡和慕尼黑，以 320 km/h 的速度运行。

1992 年，第一条西班牙 HST-AVE（Alta Velocidad Española）线路开始在马德里和塞维利亚之间以 320 km/h 的速度进行商业运营。同年，一直致

力于铁路既有线路提速的瑞典，对斯德哥尔摩—哥德堡间全长 453 km 的铁路干线（西部干线）进行了提速改造，使列车最高运行速度达到 200 km/h。

2000 年，美国阿西乐快线开始投入运营，其能够以 240 km/h 的最高速度运行，连接了铁路沿线华盛顿、费城、纽约、波士顿等城市。

2004 年，韩国 KTX 投入运营，这标志着韩国运输历史的新纪元。该线路连接汉城（今首尔）和釜山，以最高速度 300 km/h 运行。

2009 年，荷兰高速铁路南线通车，该线路连接荷兰首都阿姆斯特丹和比荷边界，以最高速度 300 km/h 运行。

4.3.2 国内高铁发展历史进程

1978 年，随着改革开放的思潮逐渐兴起，人们感受到越来越浓的思想解放的氛围。时任国务院副总理邓小平踏上了中华人民共和国成立后首次访问日本的行程。正是这次访问，将高铁这一交通工具引入了国民的视野，高铁这一概念逐渐普及。

1990 年后，中国高铁的战略路线上升到国民经济高度，经历了反复的研讨和战略制定。从围绕"建与不建、何时建"到"轮轨还是磁浮"，再到技术缺失问题，包括缓建派旗手华允numberOf、建设派旗手沈志云在内的百余人高铁大论战持续了 18 年之久。1998 年广深铁路实现电气化改造，率先提速成为准高铁。但在该时期中国仍未出现真正意义上的高铁，高铁建造技术依然存在诸多不足，总体上交通网络仍处于普通铁路的主导时代。

2004 年 1 月，国务院通过了《中长期铁路网规划》，提出建设覆盖全国的"四横四纵"的高速铁路网，建设内容为："四纵"——京沪高铁、北京—深圳、北京—哈尔滨、杭州—深圳；"四横"——杭州—长沙、青岛—太原、南京—成都、徐州—兰州。这一规划的提出推动中国高铁进入顺风顺水的快车道。同年 4 月，全国铁路进行了第五次大提速，越过了速度 160 km/h 的"大山"，将京沪铁路、京哈铁路、京广铁路部分路段的运营速度提升到 200 km/h，基本符合国际铁路联盟对于高速铁路时速的定义的标准。这次提速是中国高铁时代到来之前的最后一次提速，第六次提速将成为中国铁路史上的一道分水岭。

2007 年 4 月，CRH 动车组，也就是人们熟知的和谐号列车组开始在中华大地上穿行，完成了中国铁路第六次大提速，也标志着中国从此迈入了高铁时代。包括京哈、京沪等线路在内的多条铁路运营时速提至 200 km/h，中国在一夜之间拥有了 6003 km 的高速铁路，成为世界高铁第一大国，不得不说这是一个中国奇迹。中国自此开启了前无古人的高铁时代。

2008年10月，国家正式批准《中长期铁路网规划（2008年调整）》，调整了高铁整体战略布局，将原来的铁路网络进一步扩大。将原来的高速铁路建设由1.2万公里调整为1.6万公里，到2020年要完成新建1.6万公里的高速铁路，超过了当时全世界的总里程，迎来了全世界的关注和广泛地讨论。但事实证明，当时的中国是在实力的基础上提出的这个目标，整个2008年共计开工了16条（段）高铁线路，在陆续高质量的完工下，最终提前六年完成了目标。

表4.6 2008—2019年建成和在建高铁名称

开通年份	建成和在建高铁
2008	合宁铁路、胶济客专、京津城际铁路
2009	合武客专、沪蓉铁路、石太客专、京广高铁、温福铁路
2010	福厦铁路、郑西高铁、成灌客专、沪宁城际铁路、海南东环铁路、长吉城际铁路、昌九城际铁路、沪杭高铁
2011	广珠城际铁路、京沪高铁、广深港高铁
2012	龙厦铁路、合蚌客专、哈大铁路
2013	厦深铁路、茂湛铁路、渝利铁路、宁杭高铁、盘营高速铁路、衡柳铁路、昌福铁路、昌福—永莆铁路、武九客专、西宝高铁、武冈城际铁路、武咸城际铁路、柳南客专、津秦高速铁路、邕北铁路、钦防铁路
2014	贵广客专、南广铁路、青荣城际铁路、郑开城际铁路、郑焦城际铁路、郫彭铁路、沈丹高铁、丹大铁路、大西高铁、兰新客专、成贵客专、峨眉山铁路、西成客专、大西高铁、沪昆高铁、杭长高铁
2015	合福高铁、沪昆高铁、白龙客专、宁安客专、赣瑞龙铁路、郑机城际铁路、南昆高铁、金温铁路、成渝高铁、海南西环铁路、津保铁路、哈齐高铁、中川机场城际铁路、吉图珲客专、京津城际铁路延伸线
2016	佛肇城际铁路、娄邵铁路、莞惠城际铁路、郑徐高铁、武孝城际铁路、昆玉河铁路、渝万铁路
2017	萧淮客专、石济客专、宝兰客专、衢九铁路
2018	渝贵铁路、深茂铁路、杭黄高铁、青盐铁路、济青高铁、京哈高铁、新通客专、怀衡铁路、南龙铁路、成雅铁路、铜玉铁路、哈佳高铁、哈牡客专、楚大铁路、新通高铁
2019	梅汕客专、穗莞深城际铁路、郑阜高铁、京港高铁、徐盐客专、连镇客专、日兰高铁、黔常铁路、郑渝高铁、郑阜高铁、西武高铁、大张高铁、崇礼铁路、张呼高铁、京张高铁、京雄城际铁路、银中客专

75

2010年，京沪高铁全线铺轨完成，在此条线路上诞生了世界铁路最高运行时速486 km/h。

2011年，全国已经开通具有一定规模的线路16条，高铁城市发展至85个，中国进入高铁建设的快速发展阶段。同时，全国动车组列车开始实行实名制购票政策，正式开通中国高铁网上售票业务。

2013年中国高铁运营里程突破1万公里，高铁通车城市年增长在10%以上，同时"四横四纵"高铁网络初步形成，高铁建设总体处于快速发展阶段。

2016年，沪昆、京沪、京广和哈大等重要高铁运输通道均全线通车，基本能够覆盖中国大部分地区的主要地级城市，这标志着"四横四纵"的高铁网络基本建成。同年发布的《中长期铁路网规划》中提出到2020年全国铁路网规模要达到15万公里，高铁规模达到3万公里的目标以及建成"八横八纵"高速铁路主通道规划，最终实现大中城市之间形成1~4 h交通圈、城市群内部达到0.5~2.0 h交通圈的目标，同时规划提出要在2025年高铁里程实现3.8万公里的目标。在此期间，还要将高铁的建设重心由中部向西部转移，真正实现高铁由区域性网络向全国性网络的转变，这一系列目标的达成，将意味着我国高铁进入全面的繁荣期。

截至2019年底，全国高铁总里程达到3.5万公里（图4.23），动车组列车数量达到29319辆，而且我国在部分高铁技术领域已经处于国际一流水平。

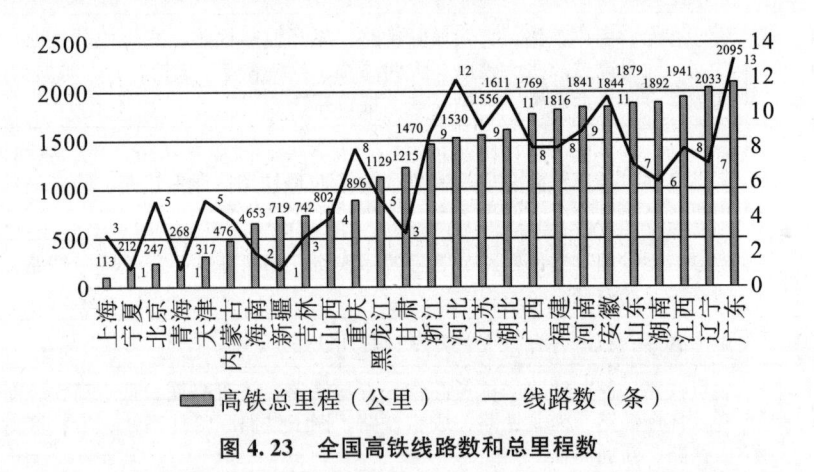

图4.23 全国高铁线路数和总里程数

总之，根据我国现有的高铁线路和站点的布局显示，我国高铁建设存在地区分布不均、东西部差异大、利用率不平衡、投入产出比低等问题。而对于旅游业来说，交通设施的建设是旅游业发展和经济收益的关键影响因素，深入探究高铁建设的分布和开通时间，对研究地区旅游业的发展异质性变化是很必要的。

4.3.3 高铁网络特征总结

2008年，我国提出并开始构建"四纵四横"高铁网络，并基本实现了我国各省会和大中型城市的贯通。2010年提出高铁作为新型战略性产业，要大力发展、优先发展。2012年，党召开的十八大会议中，明确宣布要将高铁技术作为国家高新技术的代表。2016年，我国规划的"八纵八横"高铁线路网实现了进一步贯通我国南北区域，同时促进了东部沿海较发达地区与中西部发展较落后地区的沟通与联系。我国在"十三五"规划期间，增加了大约2900列高铁和动车组列车，随着规划中高铁建设项目的陆续完工，我国高铁列车发车数量以及运营里程数不断增加。2021年底，正式开通的京港高铁安九段，标志着"八纵八横"高铁网京港（台）通道商丘至深圳段通道全线贯通。按照开通高铁的各城市的地理区域位置来看，目前我国的长三角、珠三角、京津冀等大型的城市群基本上已经实现了与周边城市互联互通的高铁线路，"四纵四横""八纵八横"铁路网络也为各区域经济圈内部城市的交通互联提供了必要的条件。

随着全国各地主要城市的高铁陆续建成，我国加速迈入高铁时代。高速铁路减少区域之间的交通时间，有利于区域之间以及区域内部的各类资源要素的重新分配布局，进一步整合了区域内的资源和市场、重塑区域城市格局，为区域经济发展带来新的增长点。高铁作为一种新型快捷的交通方式，是现代化的标志性成果，逐渐形成的高铁网络必然会对城市群的空间结构带来影响。

2008年以来，我国高速铁路建设呈现高速发展态势，高铁里程建设以及开通量不断增长，从铁路总里程中占比情况来看，我国高铁里程占比呈现快速增长态势，2008年我国高铁运营里程数占铁路总里程数仅为0.8%，而到了2019年高铁运营里程数占比则增长了20多个百分点，达到了25.2%（图4.24）。

图 4.24 中国高铁营业里程数图

从图 4.25 我国历年高铁通车里程发展情况中可以看出，我国高铁每年新增里程数是按波浪形前进的发展趋势：2003 年到 2009 年期间，我国高铁新增里程数逐年上升；2010—2011 年，由于高铁降速的要求以及铁路网规划的调整，年度新增里程数有所下降；2012—2014 年再度呈现上升态势，2015 年后增长又有所回落。按照《中长期铁路网规划》中的高铁建设目标，到 2025 年全国铁路网规模达到 17.5 万公里，其中高铁里程达到 3.8 万公里。预计到 2030 年，我国的高铁运营线路将实现各区域全面覆盖，各地市县地域间连接的基本覆盖，实现四通八达。

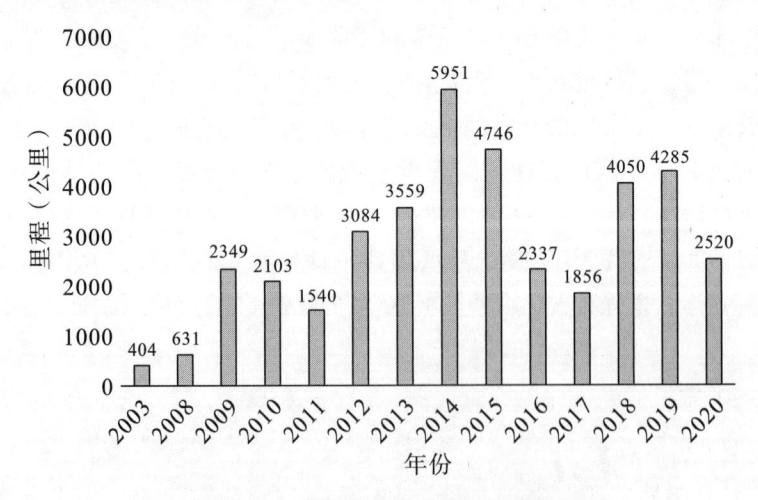

图 4.25 我国高铁运营里程发展情况

4.3.4 区域发展差异对比

我国地域幅员辽阔，且东、中、西部地区距离远、气候差异大、地形地势多样复杂，因此交通基础设施的规划和建设也呈现着显著性的地域差异化特点，铁路网以及高铁线路的规划和构建呈现出东部地区高铁线路密集程度高，而中西部地区的高铁线路分布则较为稀疏的特点。国务院以及国家发展和改革委员会在2004年发布了《中长期铁路网规划》（以下简称《规划》），《规划》针对我国的地理环境客观情况以及经济发展实际情况，在2008年和2016年多次进行了调整，对我国高铁建设及线路构建规划布局作出重要的指导意见，并且提出构建"八纵八横"的高铁线路网，来进一步促进我国各地区经济社会的持续健康发展。

2014—2019年是中国高铁建设的黄金期，高铁运营里程由1.65万公里增加到2.90万公里，在全国铁路总里程中的占比从14.70％提升至22.14％，成为世界上运营里程最长、密度最大的高铁客运网络。按照"八纵八横"网络规划的4.5万公里总里程计算，截至2019年，已经完成了64.44％的建设任务并投入运营，高铁客运网络由"四纵四横"向"八纵八横"拓展。伴随高铁线网的扩张，城市网络规模不断扩大，城市网络密度逐年提升。根据表4.7，高铁城市由2014年的133个增加到2019年的226个，在全国城市总数中的占比由45.55％上升到76.09％，除拉萨外，其余省会城市（自治区首府）均已获得高铁连接。从城市联系看，直达城市对在6年内增长了2.28倍，由2268个增加到7448个，这意味着依靠高铁平均每个城市可直达的城市数由34个增加到了66个。城市联系的加强显著地提升了城市网络密度。

表4.7 城市网络的规模与密度

年份	高铁城市数/个	高铁城市在全国城市中的占比/％	直达城市对/个	网络密度
2014	133	45.55	2268	0.05
2015	170	57.63	3820	0.09
2016	197	66.11	5316	0.12
2017	199	66.78	5640	0.13
2018	213	71.48	6726	0.15
2019	226	76.09	7448	0.17

自2008年调整《规划》，提出重点规划"四纵四横"网络到2014年，中国高铁网络尚处于建设期，运营线路少、运距短。相应地，城市网络主要表现为区域尺度上的空间关系，东、中部地区集中了全国87.97％的高铁城市和

94.09%的城市联系。从地区内部看,东部成为全国城市联系最为密切的地区,已有65.69%的城市开通了高铁,形成的地区内城市联系占全国总量的41.44%。与此同时,中部地区的高铁城市也超过了一半,为51.02%;而西部地区仅有16个高铁城市,且由于布局分散和地理位置偏远,区域内外部的城市联系均比较少,城市多处于孤立状态。具体来看,西部地区有5个城市存在跨区域的联系,分别是陕西的西安、宝鸡、渭南、咸阳和广西的桂林,与东、中部城市形成了106个直达城市对;比较而言,区内城市联系更少,仅包含29个直达城市对。受制于地理距离的阻隔,绝大多数城市对外联系较少,城市联系沿主要高铁干线布局,因此,城市网络的轴带式联系特点突出,"沿途效应"显著。基于城市经停列车数的等级划分显示,2014年的城市网络形成了由少数东部城市主导的"金字塔"结构,顶层城市少而底层城市多,网络整体沟通不畅。

随着2008年修订《规划》的全面实施和2016年《规划》对现代高铁网络建设的指示,近年来,中国高铁运营里程大幅增长,全国尺度上的网络格局逐步形成。资料显示,2014—2018年,新投入运营的高铁线路(包括区段)共计45条。从连接的地区看,西部地区在广西、陕西、四川和重庆的基础上,新增甘肃、贵州、云南、新疆、青海和内蒙古(43个高铁城市)。截至2019年,高铁已经覆盖了西部地区62.11%的城市。跨区域高铁干线的增加进一步弱化了地理距离对城市联系的制约性,城市网络规模进一步扩大,整体上由东向西拓展。在关联形态上,随着节点城市对外联系的加强,点对点的复杂网络格局显现,整体上与"八纵八横"网络相对应。

总体来说,首先,西部地区建设与东部地区差距较大,西部地区的高铁站数量约为东部地区的二分之一;其次,高铁总里程超过2000 km的省份为辽宁省和广东省,两省是国内建设高铁最早的两个省份,分别为秦沈客运专线和广深高铁线路,并在之后的几年中经历了六次大提速和线路延长扩建;再次,除上海市、北京市、天津市三个直辖市外,在国内高铁总里程最少的十个省份中,西部地区占据了5个省份,西部的高铁设施建设亟待加强;最后,从高铁站数量的分布上来看,湖北省和广东省占据头位,湖北省是全国第一个有十个以上高铁站的省份,是我国中部地区的交通枢纽,结果来看,大部分高铁站建设依然集中在东部地区。

4.4 高铁对旅游发展的影响

4.4.1 高铁对游客行为的影响

高铁产生了巨大的时空压缩效应，对游客的出游频次产生一定影响。随着高铁网络的完善，全国 1 h、2 h、3 h 高铁出行圈逐步形成。高铁缩短了出游半径，压缩了时间距离，对在中长途旅游产生了显著的影响，高铁开通前的长途旅行主要集中在寒暑假和黄金周，高铁开通后选择小长假和双休日出游的游客数量大幅增长；高铁开通前的中程旅游选择时段较集中于小长假，出行高峰较为明显；高铁开通后，由于时间成本的下降，周边游、同城游、近城游等多种旅游业态繁荣发展，游客出行季节性减弱，推动旅游流"削峰填谷"的目标实现，使得旅游流分布更加平均与分散。高铁对游客的交通出游方式选择产生影响，催生出更加多样的旅游模式，自助游、高铁＋自驾游、商务旅游、康养旅游、乡村旅游、体育旅游、医疗旅游等旅游产品受到高铁发展的助推。

4.4.2 高铁对旅游市场的影响

高铁对旅游市场空间结构产生了深刻影响，多数高铁旅游市场结构以高铁线路带为轴，呈现出以旅游中心城市为核心，向周边依次扩展的圈层＋轴心的带状分布。高铁提升沿线城市的旅游吸引力和扩大吸引力范围，旅游客源市场规模也不断扩大。由图 4.25 可知，自 2014 年起，中国高铁运营里程逐年稳步提高。根据国家铁路局与中国交通运输部数据，2014—2019 年中国高铁旅客发送量涨幅惊人，2019 年中国高铁旅客发送量达 22.9 亿人次（图 4.26）。

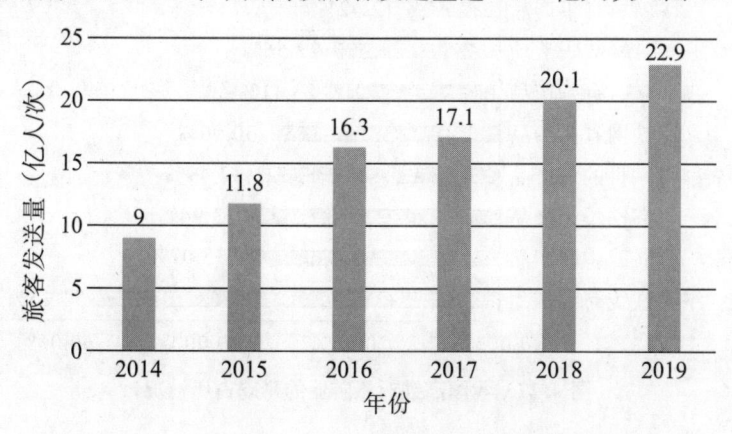

图 4.26 2014—2019 年中国高铁旅客发送量统计情况

高铁的开通对旅游市场群体也产生了不同程度的影响，受益于高铁出行的舒适性、便捷性和时间可掌控性，越来越多的商务游、亲子游和老年游群体在出游选择中将高铁出行作为首选。高铁旅游市场群体改变的同时也对高铁线路及高铁服务产生影响，进一步对高铁服务与高铁旅游产品的设计产生指引与导向作用。

旅游交通对于旅游目的地的选择具有重要意义，旅游交通的改善能够大大提升旅游目的地的吸引力。我国高铁的建设成就全球瞩目，高铁已成为我国旅游对外宣传的"新名片"，使得高铁建设与运营成为入境旅游业的一个飞跃点，高铁旅游不仅作为国内游客的重要出行方式，也受到入境游旅游群体的追捧，越来越多的入境游客将高铁作为城际流动的交通首选。携程平台和万事达卡联合发布的《2019 中国跨境旅游消费报告》显示，入境游客在携程平台预订火车票的人次在 2017—2019 年平均年增长达 27%。边境省份高铁的外籍游客数量稳步增加，边陲小镇有了更多的世界游客的足迹。同时，广深港高铁的香港段也大大方便了出境游客，促进了出境游市场的发展。

4.4.3 高铁对旅游业态的影响

高铁的开通，推动了经济社会发展新变革，促进了区域产业结构优化调整，为多种高铁旅游跨界融合业态的发展提供了动力。对充分利用与整合高铁沿线地区旅游资源，不断丰富优质旅游产品有效供给，推动旅游消费转型升级，提升旅游品质（图 4.27）等方面贡献较大。

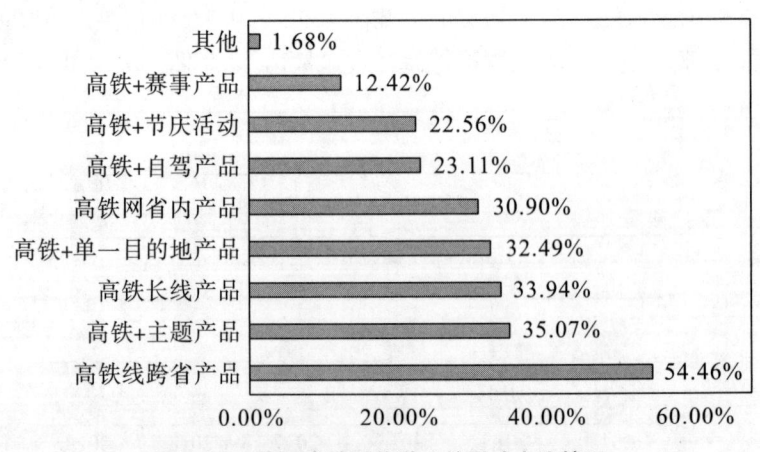

类别	占比
其他	1.68%
高铁+赛事产品	12.42%
高铁+节庆活动	22.56%
高铁+自驾产品	23.11%
高铁网省内产品	30.90%
高铁+单一目的地产品	32.49%
高铁长线产品	33.94%
高铁+主题产品	35.07%
高铁线跨省产品	54.46%

图 4.27 我国高铁对旅游业的影响占比情况

随着各条高铁线路的开通，各地也相继推出了多条"高铁风景线"（表

4.8），游客在一条旅游线路上可以看到别致的风景与独特的人文景观。高铁线路将不同地区的红色文化、民族文化进行串联，将多个世界遗产、非物质文化遗产及风景名胜区连接成一幅绝美风景画卷，每一站都美不胜收，每一帧都不容错过。

表 4.8 我国"高铁风景线"

线路名称	路线	经停省（直辖市）
合福高铁	合肥南—长临河—巢湖东—无为—铜陵北—南陵—泾县—旌德—绩溪北—歙县北—黄山北—婺源—德兴—上饶—五府山—武夷山北—武夷山东—建瓯西—南平北—古田北—闽清北—福州	安徽省、江西省、福建省
京沪高铁	北京南—廊坊—天津西—天津南—沧州西—德州东—济南西—泰安—曲阜东—滕州东—枣庄—徐州东—宿州东—蚌埠南—定远—滁州—南京南—镇江南—丹阳北—常州北—无锡东—苏州北—昆山南—上海虹桥	北京市、河北省、天津市、山东省、江苏省、安徽省、上海市
沪昆高铁	上海虹桥—松江南—金山北—嘉善南—嘉兴南—桐乡—海宁西—临平南—杭州东—杭州南—诸暨—义乌—金华—龙游—衢州—江山—玉山南—上饶—弋阳—鹰潭北—抚州东—进贤南—南昌西—高安—新余北—宜昌—萍乡北—醴陵东—长沙南—湘潭北—韶山南—娄底南—邵阳北—新化南—溆浦南—怀化南—芷江—新晃西—铜仁南—三穗—凯里南—贵定北—贵阳东—贵阳北—贵安—平坝南—安顺西—关岭—普安县—曲靖北—嵩明—昆明南	上海市、浙江省、江西省、湖南省、贵州省、云南省
杭深铁路	杭州东—杭州南—绍兴北—绍兴东—余姚北—庄桥—宁波—奉化—宁海—三门县—临海—台州西—温岭—雁荡山—乐清东—乐清—温州南—瑞安—平阳—苍南—福鼎—太姥山—霞浦—福安站—宁德站—罗源站—连江站—福州站—福州南站—福清站—涵江站—莆田站—仙游站—惠安站—泉州站—晋江站—厦门北站—角美站—漳州站—漳浦站—云霄站—诏安站—饶平站—潮汕站—潮阳站—普宁站—葵潭站—陆丰站—汕尾站—鲘门站—惠东站—惠州南站—深圳坪山站—深圳北站	浙江省、福建省、广东省
京广高铁	北京西—北京丰台—涿州东—高碑店东—徐水东—保定东—定州东—正定机场—石家庄—高邑西—邢台东—安阳东—鹤壁东—新乡东—郑州东—许昌东—漯河西—驻马店西—明港东—信阳东—孝感北—横店东—武汉—乌龙泉东—咸宁北—赤壁北—岳阳东—汨罗东—长沙南—株洲西—衡山西—衡阳东—耒阳西—郴州西—乐昌东—韶关—英德西—清远—广州北—广州南	北京市、河北省、河南省、湖北省、湖南省、广东省

83

续表

线路名称	路线	经停省（直辖市）
沪汉蓉高铁	南京南—全椒—肥东—合肥南—六安—金寨—麻城北—红安西—汉口—汉川—天山南—仙桃西—潜江—荆州—枝江北—宜昌东—巴东—高坪—建始—恩施—利川—石柱县—封堵—涪陵北—长寿北—重庆北—合川—潼南—遂宁—大英东—成都东	江苏省、安徽省、湖北省、重庆市、四川省
哈大高铁	大连北—金普—瓦房店西—鲅鱼圈—盖州西—营口东—海城西—鞍山西—辽阳—沈阳南—沈阳北—铁岭西—开原西—昌图西—四平东—公主岭南—长春西—德惠西—扶余北—双城北—哈尔滨西	辽宁省、吉林省、黑龙江省

高铁与旅游的融合，将"快旅"与"慢游"深度融合。高铁还将越来越多的经济形态与旅游要素进行融合，如高铁+旅游景区、高铁+租车旅游、高铁+酒店、高铁与旅游综合体结合等，这些以高铁为载体，形成高质量的旅游产品组合，满足旅游者在旅游过程中对于各项要素的需求组合，进一步促进旅游业的升级与调整。其中，"高铁+酒店"这一快捷旅游产品包含了丰富的世界遗产、国家级风景名胜区、国家AAAAA级旅游景区、国家旅游度假区、各省市知名博物馆等多种形态的旅游资源；"高铁+租车旅游"这一旅游产品体现出高铁游与自驾游的接驳率的提升，租车服务深入高铁站门店，可在站内进行租赁与归还服务，为游客提供便捷服务。同时高铁+公路这一旅游交通的完善，也体现出越来越多的游客对于自由行的选择偏好，冷门景点、边远小镇、绿水青山成了游客们标记的新的旅游打卡地。"大交通+租车"的旅游方式成了中长途旅行的重要出行方式；"高铁+酒店"这一旅游产品不仅为高铁游客提供便利的地理位置选择，更为专业性、有针对性的服务，同时部分酒店还作为高铁城市的推介与宣传名片，为高铁城市目的地形象建设提供重要作用。

高铁旅游专列的打造，使得路上的风景也成了旅游过程中重要的一部分。高铁开通改善了旅游客源地与旅游目的地之间的可达性，同时也催生出高铁旅游专列这一旅游产品与旅游业态。近年来，全国范围内均推出了多项高铁旅游专列，多地相继开设了高铁旅游专列若干次，以高铁旅游专列旅游产品与服务吸纳广大游客。现有旅游专列依据主流市场客户需求设计最佳距离与游览次序，关注学生群体及中老年群体，致力于打造专业化、有针对性、具有特色服务的旅游专列服务产品；致力于带动沿线旅游资源开发与旅游发展。长三角高铁主题旅游线路和旅游专列路线分别见表4.9和表4.10。

表 4.9　长三角高铁旅游主题线路

序号	高铁旅游主题
1	不忘初心之旅
2	穿山越水之旅
3	绿色生态之旅
4	江海小城之旅
5	文化康养之旅
6	扬子江名城之旅

表 4.10　旅游专列线路

序号	旅游专列线路
1	新东方快车号旅游专列
2	呼伦贝尔号旅游专列
3	熊猫主题旅游专列
4	青海天空之境号旅游专列
5	丽江"天空之镜"全景观光列车
6	南方快车旅游专列
7	环西部火车游旅游专列
8	大美新疆旅游专列
9	丽江双层观光列车
10	草原之星旅游专列
11	北京市郊铁路 S2 线
12	京和号旅游专列
13	龙泰号/龙疆号旅游专列
14	龙藏号旅游专列
15	龙江之星旅游专列
16	浙铁东方号旅游专列
17	齐鲁快车高铁旅游专列
18	东方红号旅游列车
19	武汉旅游号旅游专列

续表

序号	旅游专列线路
20	齐鲁快车旅游专列
21	敦煌号 Y667 次
22	千湖岛旅游专列
23	钱江源号旅游专列
24	智取华山号西安旅游专列

第 5 章　实证分析

5.1　研究设计

5.1.1　研究方法

5.1.1.1　双重差分方法

许多研究证明高铁对于沿线城市旅游发展有着不可忽略的影响，为了更好地评估高铁开通情况对旅游业分布发展产生的影响，本书将高铁开通视为一种"准自然实验"，在 2000—2019 年期间，以年份为单位，将全国 29 个省（自治区、直辖市）划分为受到政策影响的实验组（开通高铁的省级行政区域）和没有受到政策影响的对照组（未开通高铁省级行政区域），利用双重差分方法，即 DID（Differences in Differences）模型对高铁开通前后是否对城市旅游产生实质性的影响进行评估与探讨。双重差分法常用于外生政策的效应，即试验组和对照组在被干预前后变化的差异。

本书将"高铁开通"作为干预事件，以 2000—2019 年的全国 29 个省（自治区、直辖市）作为研究对象，运用多期 DID 模型来验证高铁开通前后对该省级行政区域旅游业的影响，计算高铁相关指标变量（高铁开通虚拟变量×时间虚拟变量）与各旅游分布指标变量（旅游人数分布、旅游收入分布）之间的相关系数，考虑经济（GDP）、人口（常住人口数）、第三产业（第三产业增加值占 GDP 比例）等控制因素，以此探究 2000—2019 年全国 29 个省（自治区、直辖市）在受到高铁开通影响后，区域旅游规模的空间分布结构变化趋势，并立足区域旅游规模-时空演变的角度对高速铁路的开通与运行的影响效应进行实证检验。进一步，将高铁线路和高铁里程这两个高铁变量替换高铁开通，来验证该部分结果的稳健性。

5.1.1.2 面板数据处理办法

面板数据的处理与分析方法种类较多，故本书所采用的方法是，对样本城市的 4 个特定指标分别以连续的若干年份为收集整理门类，对数据进一步分析与评价，运用整体性思维对比与探讨评价结果综合，从而实现以 Zipf 法则为解释原理和研究切口，对高铁开通后旅游结构分布的动态发展过程及其机制原理进行阐释说明。

在模型选择方面，本书选择固定效应模型。虽然在考虑不同区域之间和旅游分布结构之间其他因素的差异时，常用的随机效应模型和固定效应模型均可以作为选择项，但二者最主要的差别在于随机效应模型在使用的过程中，往往假定不同区域的旅游分布结构之间所存在的其他因素差异是服从某一随机分布的；对于固定效应模型而言，则是假定不同区域旅游分布结构之间的差异是固定不变的。

本书以旅游收入分布、旅游人数分布为检验对象，采用面板数据的双向固定效应的方式进行。面板数据的双向固定效应估计方法不仅能够控制时间效应，还能控制截面效应，这一估计方法的主要优势是既能够避免解释变量之间的多重共线性，还能够最大化避免模型中解释变量被遗漏。此外，相较于面板数据的另一常用估计方法——随机效应而言，固定效应估计方法具有包容性和广泛适用性，允许随机误差项与解释变量支架存在相关关系，对于影响机制较为复杂的区域经济研究而言，这显然是至关重要的。

5.1.1.3 测算结果及分析

在对以上所收集的数据进行归类、排序等处理之后，使用 EViews 10 软件并依据 Zipf 法则进行 Zipf 指数计算，用 Zipf 指数表示旅游规模在空间分布上的集聚程度。同时，使用 Excel 2010 软件计算各省级行政区域旅游规模首位度，取平均值做参考。因为旅游收入及游客数量这两个旅游经济指标均可在一定程度上代表该区域的旅游规模，所以对 2000—2019 年各地区的旅游收入和游客数量分别进行 Zipf 指数的计算，以便得到更为全面可靠、更具参考价值的分析结果。

由 Zipf 指数的计算结果可知：①以旅游收入代表旅游规模计算出的 Zipf 指数，在数值上稍大于以游客数量代表旅游规模计算出的 Zipf 指数，但二者整体变化趋势一致。②2000—2019 年，全国 29 个省（自治区、直辖市）旅游规模的 Zipf 指数均表现出明显下降趋势，各地区的旅游规模分布由 Zipf 指数大于1的向上偏离Zipf分布逐渐过渡为Zipf指数小于1的向下偏离Zipf分布。这表明2000—2019年全国大部分地区旅游规模从空间分布较为集中、集聚程度较高的状态逐步变化为空间分布较为分散、集聚程度较低的状态。

由首位度指数的计算结果可知：2000—2019年，在进行实证检验的29个省（自治区、直辖市）中，有16个省（自治区、直辖市）的首位度指数低于2，说明其旅游规模首位城市并不具有首位优势；有4个省（自治区、直辖市）的旅游首位城市有稍微首位优势但整体极化程度低；还有8个省（自治区、直辖市）的首位度呈现下降趋势，首位城市的首位优势逐年减小；另外，西藏的首位优势有增大趋势，但因其区位条件特殊且未开通高铁，可忽略。

综合来看首位度测算结果与Zipf指数的指向意义基本吻合，表明各省级行政区域旅游规模空间分布趋向均衡分布的结果是可靠的。

5.1.2 模型设计

本书所构建模型的核心解释变量是高速铁路的开通，可以看作一种分批次、分阶段实行的政策措施，因此使用双重差分模型（DID）进行检验以评估政策实施效应。如果一项政策是有选择性、分阶段地推行而并非是在同一时间全面铺开，我们就可以通过比较受政策影响和不受影响的经济体的差异，从而得出政策实施效应。我国大范围的高速铁路建设、开通与运营开始于2008年，经过12年的发展至2019年末，全国除西藏外的30个省（自治区、直辖市）[①]全部有高铁开通运营，均接入中国高速铁路网络。所以高铁的建设开通这样分时间阶段的政策实施可视作一种"自然实验"，适合于使用双重差分模型来进行研究检验。

在模型构建上，本书将2008—2019年的每一年中实施"高铁开通"省（自治区、直辖市）的Zipf指数作为实验组，将没有实施"高铁开通"的作为对照组，对每一年的样本数据均分别进行处理。在具体操作中，以两个虚拟变量为标准对样本进行分组：open变量用以区分实验组与对照组，open=1表示实验组，open=0表示对照组；treat变量用以区分高铁开通发生时间的先后，treat=0表示该省级行政区域处于高铁没有开通的状态，treat=1表示该省级行政区域处于高铁开通及之后的状态。

根据上述理论分析，我们可以推测高速铁路的开通这一政策行为将会对区域旅游空间分布集聚程度的演变趋势产生影响；同时，不同省级行政区域间各

---

① 不含港澳台地区。

自实际情况差异很大，可能使高铁对旅游规模集聚程度变化的影响不一。为了甄别高铁开通的政策实施对区域旅游规模空间分布的影响，依据双重差分模型的要求，本书构造了以旅游规模分布 Zipf 指数为被解释变量，以高速铁路的开通为解释变量的方程模型，重点考察因高铁开通运行对各省级行政区域旅游空间分布集聚程度的政策实施效应，具体形式如下：

$$Zipf_{i,t} = C + \alpha_1 treat_{i,t} \cdot open_{i,t} + \varepsilon_{it} \quad (5-1)$$

$$Zipf_{i,t} = C + \alpha_1 treat_{i,t} \cdot open_{i,t} + \beta_1 X_2 + \varepsilon_{it} \quad (5-2)$$

$$Zipf_{i,t} = C + \alpha_1 treat_{i,t} \cdot open_{i,t} + \beta_2 X_1 + \beta_3 X_2 + \varepsilon_{it} \quad (5-3)$$

式中，下标 i 和 t 分别表示地区和年份，$Zipf_{i,t}$ 为被解释变量即区域旅游规模分布集聚程度；X_1、X_2 为控制变量，分别表示各省级行政区域当年的国内生产总值（GDP）和常住人口数量；C 为截距项；ε_{it} 为误差项；$treat_{i,t} \cdot open_{i,t}$ 是模型的关键变量，即已开通高铁的实验组与开通时间的交叉乘积项；α_1 系数是本书所要得出的高铁开通的政策实施效应系数。

2012 年之后不仅是国家总体经济水平快速发展的时期，而且是我国高铁建设稳步发展阶段，研究这一时期高铁开通的影响是具有代表性的。通常，研究要从横向和纵向两个角度进行比较，就纵向研究来说，即以时间为轴，对比分析同一城市高铁开通前后，旅游业发展的变化，但无法涵盖无高铁城市旅游业发展的状况；横向研究是指以地域为轴，横向对比已开通高铁城市和未开通高铁城市的旅游业发展的差异，但是无法考虑到城市之间原本在经济、人口、科技、地缘、政策等方面的差异性。以上两个研究角度都不具有全面性，且因各城市（群）与高铁沿线的距离以及开通高铁的时间不尽相同，故本书将高铁开通视作一项准自然实验，使用倍差法来探究高铁开通对城市旅游业的影响。由于全国各城市逐步开通高铁且沿线及非沿线城市的旅游业在本书研究期间都获得了很大的发展，不能只简单比较固定年份高铁开通对各城市旅游业产生的影响，因此本书采用多期 DID 模型来逐年研究高铁开通对各城市旅游业产生的净效应影响及其差异性。本书将计量模型设定为以下形式：

$$touristZipf_{i,t} = \beta_0 + \beta_1(HSR_{i,t} \cdot Time_{i,t}) + \beta_3 X_{i,t} + v_{i,t} \quad (5-4)$$

$$incomeZipf_{i,t} = \beta_0 + \beta_1(HSR_{i,t} \cdot Time_{i,t}) + \beta_3 X_{i,t} + v_{i,t} \quad (5-5)$$

式中，$touristZipf_{i,t}$ 和 $incomeZipf_{i,t}$ 分别表示 i 省级行政区域 t 时期的旅游人数分布和旅游收入分布（包括国内旅游收入和入境旅游收入）。$HSR_{i,t}$ 为高铁虚拟变量，即是否开通高铁，如果一个城市在 2012—2019 年期间开通高铁，则该样本属于试验组，取值为 1；如果一个城市在 2008—2019 年间未开通高铁，则该样本属于对照组，取值为 0。$Time_{i,t}$ 为时间虚拟变量，通高铁前取值为 0，通高铁后取值为 1。由于全国城市的高铁网 2008—2019 年是分阶段逐步开通运营的，高铁逐步开通对旅游业发展的影响在不同城市之间会产生差异性，且在时间上会有不同的变化趋势，所以本书选择 2008—2019 年这一时间区间，构建了一个多期 DID 模型，以 $X_{i,t}$ 为控制变量，$v_{i,t}$ 为随机干扰项；按照 DID 模型的要求，交叉乘积项 $HSR_{i,t} \cdot Time_{i,t}$ 前面的系数 β_1 是倍差估计量，衡量的是高铁净效应，即高铁开通对省级行政区域旅游分布的净效应影响。

由于全国城市的高铁网 2008—2019 年是分阶段逐步开通运营的，为了更准确地测算高铁逐步开通对旅游业发展的影响及其在时间上的变化趋势，本书选择 2008—2019 年的时间区间，构建多期 DID 模型，以此考察高铁逐步开通对旅游业的影响。若交叉乘积项 $HSR_{i,t} \cdot Time_{i,2008}$ 取值为 1，则表示 2008 年 i 省级行政区域已开通高铁；反之，则取值为 0。如果该统计量系数为正，且在一定统计水平下显著，则表示高速铁路开通显著地促进了沿线城市旅游人数和收入分布的分散。

5.2　变量与数据说明

5.2.1　数据来源

本书利用 2000—2019 年我国 29 个省（自治区、直辖市）所组成的面板数据来评估高铁开通对旅游分布的影响，所使用的数据均来自历年《中国统计年鉴》《中国旅游统计年鉴》《中国城市统计年鉴》和各省《经济统计年鉴》，个别年鉴中缺失数据来自当年披露的统计公报。对于统计年鉴与统计公报同时缺失的数据，则基于已有年份的相关数据，根据统计学的基本理论与方法进行推算。

5.2.2　指标选择与变量设定

基于 Zipf 法则测算我国旅游空间分布的帕累托指数、历年变化趋势及高铁开通对旅游分布的影响，需要我国各地区高铁交通分布数据、旅游数据等变量数据。

（1）被解释变量：旅游规模空间分布集聚程度（Zipf 指数），上述理论解释已经说明，不同省级行政区域数据测算出的 Zipf 指数表明了该区域旅游规模空间分布的集聚程度。

本书以旅游收入分布和旅游人数分布来表现，选取地区旅游综合收入水平和游客量作为旅游数据，利用 2000—2019 年 29 个省（自治区、直辖市）的旅游总收入和总游客量两项指标。

（2）核心解释变量：高铁开通（treat·open），交通是客源地和旅游地之间的连接桥梁和纽带，是组成旅游系统的重要部分。在旅游经济活动中，交通条件始终发挥着不可或缺的作用，而高铁作为当今中国社会最重要的交通方式之一，深刻地影响着区域旅游发展和旅游空间格局演变。依据前文对众多有关研究的梳理总结可知，高铁与区域旅游发展紧密关联，是旅游经济规模分布结构发生规律性变化的关键推动力量。

本书选取各省级行政区域高铁开通时间节点来体现高铁交通分布数据，将已开通高铁的省级行政区域与尚未开通高铁的省级行政区域分组，以高铁开通与否为变量作为对比，并根据开通前后的旅游分布进行比较。

（3）控制变量：高铁开通对旅游规模分布的影响主要与各省（自治区、直辖市）的人口数量、对外开放、政府行为等因素有关，为减少估计偏差，参考相关研究，本书选取常住人口数量（取对数）、对外开放水平、政府规模、消费者物价指数作为控制变量。

其中，常住人口利用各省级行政区域历年常住人口数量来体现，对外开放水平选取各省级行政区域历年进出口贸易总额数据，政府规模利用地方财政一般预算内收入与地方财政一般预算内支出比值，消费者物价指数选取各省级行政区域历年消费者物价指数数据。

由于我国在各省（自治区、直辖市）的高速铁路建设和开通开始于 2008 年，至 2019 年末高铁已覆盖除西藏外的所有省（自治区、直辖市），并考虑到数据的可获得性与研究的科学性，本书选取和采用 2000—2019 年时间段内的数据和变量，进而对我国省级层面区域旅游规模空间分布的特征与演变规律进行研究。

表 5.1　数据来源及说明

变量名称	数据来源	说明
旅游总收入	2000—2019 年《文化和旅游统计年鉴》、各省《经济统计年鉴》	各省的旅游总收入＝入境旅游收入＋国内旅游收入
旅游接待总人数	2000—2019 年各省《经济统计年鉴》	各省的旅游接待总人数＝入境旅游人数＋国内旅游人数

续表

变量名称	数据来源	说明
常住人口数量	国家统计局（http://www.stats.gov.cn/）	各省2000—2019年各年常住人口数量
对外开放水平	2000—2019年《城市统计年鉴》	各省2000—2019年进出口贸易总额
政府规模	2000—2019年《城市统计年鉴》	各省政府规模=地方财政一般预算内收入/地方财政一般预算内支出
消费者物价指数	2000—2019年各省《经济统计年鉴》	各省2000—2019年各年消费者物价指数
高铁站开通时间	2000—2019年《中国铁道年鉴》	各省的高铁站开通建设时间，以建成并投入使用的时间为准
高铁线路数	中华人民共和国交通运输部（http://www.mot.gov.cn）国家铁路局（http://www.nra.gov.cn）	全国高铁线路总数量
高铁总里程数	中华人民共和国交通运输部（http://www.mot.gov.cn）国家铁路局（http://www.nra.gov.cn）	以省份为单位，29个省（自治区、直辖市）的高铁总里程数

表5.2 变量设定及指标选择

变量设定	变量名称	变量代码	定义
被解释变量	旅游收入分布、旅游人数分布	incomeZipf、touristZipf	旅游收入分布、旅游人数分布共同代表区域旅游规模分布集聚程度情况
解释变量	高铁开通	$treat_{i,t} \cdot open_{i,t}$	各年份对应高铁开通情况
控制变量	常住人口数量	logpop	一个省份的常住人口数量的对数
控制变量	对外开放水平	fdi	以进出口贸易总额反映一个地区的对外开放水平
控制变量	政府规模	gov	一个省份每年政府一般预算内财政收入/政府一般预算内一般支出
控制变量	消费者物价指数	cpi	反映一定时期内城乡居民所购买的生活消费品和服务项目价格变动趋势和程度的相对数

5.2.3 数据处理

在具体各省（自治区、直辖市）的数据选择方面，首先，本书重点关注中国大陆地区高铁开通对旅游分布的影响，因此在研究过程中未加入港澳台地区的数据。其次，天津市各区的旅游数据披露较少且获取困难，无法在数据处理中达成一致，故舍弃。最后，在海南省的数据处理收集与过程中，由于三沙市设立于2012年，缺失数据年份跨度较长，在进行数据比较时有一定难度，因此舍弃三沙市的数据；但在舍弃三沙市的数据后，海南省地级市的数量较少，在采取Zipf法则进行计算时偏离状态较严重，不具有显著性和可比性，故将海南省数据舍去，不纳入整体考察范围。

在数据收集与处理的过程中，有部分缺失数据在统计年鉴及统计公报中数据均未披露，因此最终数据是基于现有数据进行推算得出的。推算方法为：根据时间序列数据变化趋势，综合比较多种趋势预测结果，选择拟合优度最佳的模型补齐缺失数据。

5.2.4 描述性统计

表5.3为主要变量的描述性统计结果，由表5.3中数据可以看出，对外开放水平和高铁总里程数的标准差数值很大，表示各省（自治区、直辖市）数据与其平均值之间差距大，说明是多重因素导致我国各省（自治区、直辖市）对外开放水平有巨大差异，且省（自治区、直辖市）之间高铁开通的里程数也存在较大差异。

表5.3 主要变量的描述性统计

变量名称	观测值	均值	标准差	最小值	最大值
高铁开通	580	0.0483	0.2145	0	1.0000
旅游收入分布系数	580	0.8157	0.2780	0.3446	1.8490
旅游人数分布系数	580	1.0149	0.3507	0.3692	2.3168
常住人口对数	580	8.1620	0.8342	5.5530	9.4326
对外开放水平	580	894.5556	1766.9400	0.9291	10915.8100
消费者物价指数	580	102.2791	1.9232	96.7000	110.0900
政府规模	580	0.4897	0.2014	0.0530	0.9509
高铁线路数	580	1.3966	2.4171	0	17.0000
高铁总里程数	580	277.1472	467.4338	0	2143.0000

5.3 实证分析

5.3.1 逐步回归

高铁建设规划是循序渐进的,其随着时间增长而不断发展完善,高铁建设初期先在部分省级行政区域实现了高铁运营,之后逐步扩展到其他省级行政区域,数量和里程也不断增加。为了更好探究高铁开通对旅游分布的影响,基准实证部分选取了2016年、2017年这两个发展相对完善的年份。

表5.4显示在逐步加入控制变量的整个过程中,高铁开通对旅游收入分布的影响系数在1‰的水平上高度显著且均为正值,这表明高铁开通促进了旅游收入分布的分散,高铁开通之后,旅游收入分布显著提高了0.18个单位。随着控制变量的增加可以看到高铁开通的估计系数从0.182减小到0.133,没有考虑控制变量的系数值显著高于考虑控制变量后的系数值,这个变化趋势能够表明回归模型如果不考虑加入控制变量,会在一定程度上放大高铁开通对旅游发展的促进作用。因此,加入控制变量参与回归模型是非常有必要的。

表5.4　2016年高铁开通与旅游收入分布回归结果

变量名称	旅游收入分布	旅游收入分布	旅游收入分布	旅游收入分布	旅游收入分布
to	0.182*** (5.95)	0.135*** (4.61)	0.136*** (4.69)	0.122*** (4.15)	0.133*** (4.56)
logpop		0.839*** (7.82)	0.480** (3.25)	0.515*** (3.48)	0.474** (3.25)
fdi			0.0000360*** (3.49)	0.0000367*** (3.58)	0.0000326** (3.20)
gov				−0.375* (−2.33)	−0.396* (−2.50)
cpi					0.0121*** (3.96)
个体	固定	固定	固定	固定	固定
时间	固定	固定	固定	固定	固定
obs	493	493	493	493	493
R^2	0.071	0.180	0.201	0.210	0.236
F	33.56	31.28	32.31	32.81	33.59

注:括号内为回归系数的稳健标准误。* 表示 $p<0.1$,** 表示 $p<0.05$,*** 表示 $p<0.01$。后文同此,不另做说明。

常住人口、对外开放水平与消费者物价指数对旅游收入分布的系数显著且为正值，表明随着常住人口规模增大、对外开放水平提升、消费者物价指数的上升，旅游收入分布逐渐分散。而政府规模系数显著但为负值，表明政府规模对旅游收入分布起着集聚作用。

表 5.5 显示在逐步加入控制变量的整个过程中，高铁开通对旅游人数分布的影响系数在 1% 的水平上高度显著且均为正值，表明高铁开通促进了旅游人数分布的分散，高铁开通之后，旅游人数分布显著提高了 0.21 个单位。随着控制变量的增加可以看到高铁开通的估计系数从 0.216 减小到 0.125，没有考虑控制变量的系数值显著高于考虑控制变量后的系数值，这个变化趋势能够表明回归模型如果不考虑加入控制变量，会在一定程度上放大高铁开通对旅游发展的促进作用。因此，加入控制变量参与回归模型是非常有必要的。

表 5.5 2016 年高铁开通与旅游人数分布回归结果

变量名称	旅游人数分布	旅游人数分布	旅游人数分布	旅游人数分布	旅游人数分布
to	0.216***	0.135***	0.135***	0.114**	0.125***
	(5.61)	(3.89)	(3.96)	(3.29)	(3.63)
logpop		1.461***	1.040***	1.095***	1.053***
		(11.53)	(5.96)	(6.30)	(6.12)
fdi			0.0000422***	0.0000433***	0.0000390**
			(3.46)	(3.58)	(3.25)
gov				−0.589**	−0.611**
				(−3.12)	(−3.27)
cpi					0.0125***
					(3.47)
个体	固定	固定	固定	固定	固定
时间	固定	固定	固定	固定	固定
obs	493	493	493	493	493
R^2	0.064	0.273	0.291	0.306	0.324
F	34.65	41.30	42.20	43.20	43.76

常住人口、对外开放水平与消费者物价指数对旅游人数分布的系数显著且为正值，表明随着常住人口规模增大、对外开放水平提升、消费者物价指数的上升，旅游人数分布逐渐分散。而政府规模系数显著但为负值，表明政府规模对旅游人数分布起着集聚作用。

为了避免结果存在偶然性，进一步对 2017 年的数据进行了回归分析。表

5.6显示在逐步加入控制变量的整个过程中，高铁开通对旅游收入分布的影响系数在1%的水平上高度显著且均为正值，表明高铁开通促进了旅游收入分布的分散，高铁开通之后，旅游收入分布显著提高了0.19个单位，这与先前的结果一致。

表5.6 2017年高铁开通与旅游收入分布回归结果

变量名称	旅游收入分布	旅游收入分布	旅游收入分布	旅游收入分布	旅游收入分布
to	0.193***	0.144***	0.140***	0.117***	0.128***
	(6.22)	(4.87)	(4.79)	(3.92)	(4.31)
logpop		0.873***	0.525***	0.562***	0.539***
		(8.43)	(3.71)	(3.99)	(3.86)
fdi			0.0000363***	0.0000369***	0.0000331**
			(3.55)	(3.64)	(3.28)
gov				−0.510**	−0.538***
				(−3.20)	(−3.41)
cpi					0.0107***
					(3.42)
个体	固定	固定	固定	固定	固定
时间	固定	固定	固定	固定	固定
obs	522	522	522	522	522
R^2	0.073	0.190	0.211	0.227	0.245
F	34.24	32.46	33.50	34.50	35.06

常住人口、对外开放水平与消费者物价指数对旅游收入分布的系数显著且为正值，表明随着常住人口规模增大、对外开放水平提升、消费者物价指数的上升，旅游收入分布逐渐分散。而政府规模系数显著但为负值，表明政府规模对旅游收入分布起着集聚作用。

表5.7显示在逐步加入控制变量的整个过程中，高铁开通对旅游人数分布的影响系数在1%的水平上高度显著且均为正值，表明高铁开通促进了旅游人数分布的分散，高铁开通之后，旅游人数分布显著提高了0.24个单位，与先前结果一致。

表 5.7　2017 年高铁开通与旅游人数分布回归结果

变量名称	旅游人数分布	旅游人数分布	旅游人数分布	旅游人数分布	旅游人数分布
to	0.241*** (6.19)	0.160*** (4.56)	0.155*** (4.47)	0.121*** (3.45)	0.133*** (3.80)
logpop		1.446*** (11.77)	1.000*** (5.97)	1.054*** (6.36)	1.029*** (6.26)
fdi			0.0000464*** (3.84)	0.0000472*** (3.97)	0.0000431*** (3.63)
gov				−0.742*** (−3.96)	−0.772*** (−4.15)
cpi					0.0115*** (3.12)
个体	固定	固定	固定	固定	固定
时间	固定	固定	固定	固定	固定
obs	522	522	522	522	522
R^2	0.072	0.276	0.298	0.319	0.333
F	35.92	42.43	43.54	45.30	45.77

常住人口、对外开放水平与消费者物价指数对旅游人数分布的系数显著且为正值，表明随着常住人口规模增大、对外开放水平提升、消费者物价指数的上升，旅游人数分布逐渐分散。而政府规模系数显著但为负值，表明政府规模对旅游人数分布起着集聚作用。

高铁开通促进了旅游收入分布和旅游人数分布的分散，这可能是因为高铁作为一种更加便捷和快速的交通工具，能够大大增强沿线地区之间的联系，提升出行的便利性，缩短了时空距离，因此减少了游客在出行选择上的束缚，使得原有旅游目的地的客源市场扩大，游客选择更加丰富，原先因时空所限难以去往的目的地成为可能，在一定程度上促进了旅游收入分布和旅游人数分布的分散。

5.3.2　各年回归结果

2000—2019 年各年回归结果见表 5.8。

表 5.8 高铁开通与旅游收入分布各年回归结果

变量名称	1 2000—2008	2 2000—2009	3 2000—2010	4 2000—2011	5 2000—2012	6 2000—2013	7 2000—2014	8 2000—2015	9 2000—2016	10 2000—2017	11 2000—2018	12 2000—2019
to	-0.0205 (-0.33)	0.0882* (2.28)	0.0845** (2.91)	0.0726* (2.54)	0.109*** (3.67)	0.144*** (5.05)	0.152*** (5.20)	0.138*** (4.91)	0.133*** (4.56)	0.128*** (4.31)	0.113*** (3.74)	0.0875** (2.80)
logpop	0.00217 (0.01)	0.351 (1.75)	0.459* (2.58)	0.459** (2.70)	0.435** (2.60)	0.429** (2.66)	0.421** (2.68)	0.405** (2.66)	0.474** (3.25)	0.539*** (3.86)	0.584*** (4.30)	0.573*** (4.32)
fdi	0.00000829 (0.60)	0.0000187 (1.31)	0.00000791 (0.60)	0.00000541 (0.45)	0.00000882 (0.78)	0.0000126 (1.18)	0.0000196 (1.89)	0.0000285** (2.80)	0.0000326** (3.20)	0.0000331** (3.28)	0.0000329** (3.30)	0.0000356*** (3.59)
gov	-0.152 (-1.03)	-0.604*** (-4.09)	-0.611*** (-4.21)	-0.601*** (-4.17)	-0.512*** (-3.39)	-0.454** (-2.91)	-0.385* (-2.39)	-0.264 (-1.66)	-0.396* (-2.50)	-0.538*** (-3.41)	-0.662*** (-4.21)	-0.812*** (-5.23)
cpi	0.0196*** (8.37)	0.0127*** (5.32)	0.0126*** (5.20)	0.0156*** (6.27)	0.0174*** (6.66)	0.0172*** (6.31)	0.0165*** (5.77)	0.0146*** (4.94)	0.0121*** (3.96)	0.0107*** (3.42)	0.00940** (2.91)	0.00936** (2.81)
R^2	0.288	0.210	0.239	0.269	0.253	0.262	0.246	0.237	0.236	0.245	0.248	0.259
F	33.89	31.57	33.05	32.96	31.49	31.85	31.89	32.83	33.59	35.06	36.55	38.38

总的来看，各年份高铁开通对旅游收入分布的影响结果是核心变量高铁开通的系数呈现出先递增后递减的趋势，且从最初的负值转为正值，这可能是由于高铁开通初期少部分省级行政区域先实现了高铁从无到有的转变，有高铁开通和没有高铁开通的省级行政区域在数量上呈现较大差异对比，而随着时间的延长，大多数省级行政区域都开通了高铁，因此省级行政区域之间的差异逐渐缩小。

常住人口、对外开放水平系数呈现出逐年递增的趋势且均为正值，说明常住人口、对外开放水平与旅游收入分布存在正相关关系且联系紧密，随着常住人口增加和对外开放水平的提升，旅游收入分布更加分散。政府规模系数呈现波动趋势且均为负数，表明政府规模扩大对旅游收入分布起着集聚作用。消费者物价指数系数呈现逐年下降且均为正值，表明随着时间增长，消费者物价指数对旅游收入分布的分散影响作用逐步减小。

表 5.9 高铁开通与旅游人数分布各年回归结果

变量名称	1 2000—2008	2 2000—2009	3 2000—2010	4 2000—2011	5 2000—2012	6 2000—2013	7 2000—2014	8 2000—2015	9 2000—2016	10 2000—2017	11 2000—2018	12 2000—2019
to	−0.0136 (−0.17)	0.0955 (1.85)	0.0955* (2.48)	0.0530 (1.41)	0.0931* (2.51)	0.0875* (2.47)	0.136*** (3.82)	0.120*** (3.56)	0.125*** (3.63)	0.133*** (3.80)	0.114** (3.18)	0.0667 (1.82)
logpop	1.121*** (3.97)	1.669*** (6.25)	1.626*** (6.89)	1.469*** (6.56)	1.367*** (6.53)	1.250*** (6.21)	1.187*** (6.19)	1.090*** (5.95)	1.053*** (6.12)	1.029*** (6.26)	0.980*** (6.11)	0.915*** (5.88)
fdi	−0.0000253 (−1.41)	−0.00000917 (−0.51)	−0.00000967 (−0.52)	−0.000000946 (−0.06)	0.00000491 (0.34)	0.0000146 (1.10)	0.0000199 (1.57)	0.0000312* (2.55)	0.0000390** (3.25)	0.0000431*** (3.63)	0.0000472*** (4.01)	0.0000524*** (4.51)
gov	0.394* (2.04)	−0.226 (−1.15)	−0.293 (−1.53)	−0.364 (−1.92)	−0.398* (−2.11)	−0.439* (−2.26)	−0.429* (−2.18)	−0.435* (−2.27)	−0.611** (−3.27)	−0.772** (−4.15)	−0.919*** (−4.95)	−1.096*** (−6.02)
cpi	0.0229*** (7.53)	0.0130*** (4.10)	0.0130*** (4.05)	0.0155*** (4.74)	0.0167*** (5.10)	0.0164*** (4.83)	0.0161*** (4.60)	0.0145*** (4.07)	0.0125*** (3.47)	0.0115*** (3.12)	0.0104*** (2.73)	0.0106*** (2.72)
R^2	0.350	0.277	0.310	0.318	0.327	0.314	0.320	0.316	0.324	0.333	0.328	0.333
F	35.40	31.95	33.42	34.22	36.21	37.03	38.58	40.87	43.76	45.77	46.84	49.07

总的来看，各年份高铁开通对旅游人数分布的影响结果是核心变量高铁开通的系数呈现出先递增后递减的趋势，且从最初的负值转为正值，这可能是由于高铁开通初期少部分省级行政区域先实现了高铁从无到有的转变，有高铁开通和没高铁开通的省级行政区域在数量上呈现较大差异对比，而随着时间的延长，大多数省级行政区域都开通了高铁，因此省级行政区域之间的差异逐渐缩小。

常住人口系数基本保持稳定且均为正值，说明常住人口对旅游人数分布起着分散作用。对外开放水平系数呈现出逐年递增的趋势且由负值转为正值，说明对外开放水平对旅游人数分布的影响从最初的集聚作用转向分散作用且影响力逐渐扩大。政府规模系数由正值转为负值，表明政府规模扩大对旅游人数分布从分散作用转向集聚作用。消费者物价指数系数呈现逐年递减趋势且均为正值，表明随着时间增长，消费者物价指数对旅游人数分布的分散影响作用逐步减小。

5.4 平行趋势检验

实验组和对照组两个组之间均满足平行趋势假设这一条件是双重差分模型的应用前提。在本书的平行趋势检验过程中，实验组（2000—2019年高铁投入运营的城市）和对照组（同时期高铁未开通的城市），在没有高铁开通的这一外部性冲击影响时的旅游发展趋势应该是互相平行的。接下来，本书将通过稳健性检验对这一假设进行科学验证。

首先，以高铁开通这一外部冲击前后的旅游发展反应及趋势为研究重点，将对照组和实验组进行平行趋势检验。根据图5.1中信息，我们能够得出以下结论：高铁开通以前，旅游收入和旅游人数的变化趋势基本处于平行状态；在2013年和2014年，各省高铁开通的数量大大增加，而在此之后，大多数省级行政区域都开通了高铁，因此省级行政区域之间的差异逐渐缩小是在2014年高铁开通后；实验组的旅游收入和旅游人数的增长趋势明显增强，这一趋势在往后的年份逐步加大，因此，我们可以认为高铁开通这一外生性时间冲击，对城市的旅游经济发展产生了积极影响，促进了开通地区的旅游业的发展。同时，在对照组的旅游趋势中，我们发现由于未引入高铁这一影响因素，对照组的旅游发展趋势是平稳上升的，但上升的速度并没有显著提升。由此可知，高铁开通对于对照组和实验组之间产生了明显的差异。

其次，本书通过采取回归分析来对实证结果的稳健性进行判断，进而验证平行趋势中的假设条件是否成立。具体采用模型如下：

$$touristZipf_{i,t} = \beta_0 + Before_{i,t}^k \cdot HSR_{i,t}^k + After_{i,t}^m \cdot \\ HSR_{i,t}^m + Z_\gamma + \mu_t + \varphi_i + \varepsilon_{i,t}$$

$$incomeZipf_{i,t} = \beta_0 + Before_{i,t}^k \cdot HSR_{i,t}^k + After_{i,t}^m \cdot \\ HSR_{i,t}^m + Z_\gamma + \mu_t + \varphi_i + \varepsilon_{i,t}$$

在平行趋势检验的过程中，本书采用 $Before_{i,t}^k = 1$ 这一评价指标，其中 i 代表的是城市，t 代表的是年份，k 代表的是高铁开通前的第 k 年（$k=1$，2，3，…），否则为0。同理，在 $After_{i,t}^m = 1$ 这一评价指标中，i 代表的是城市，t 代表的是年份，m 代表的是高铁开通后的第 m 年（$m=0$，1，2，…），否则为0。如果实验组和对照组的旅游发展趋势一致，不受到时间变化的影响而产生变化，则说明高铁的开通这一政策效应对于处理组来说没有显著影响，$Before_{i,t}^k \cdot HSR_{i,t}^k$ 的估计系数显著为负或者不显著，$After_{i,t}^m \cdot HSR_{i,t}^m$ 的估计系数显著为正。模型的回归结果如图5.1、图5.2所示。

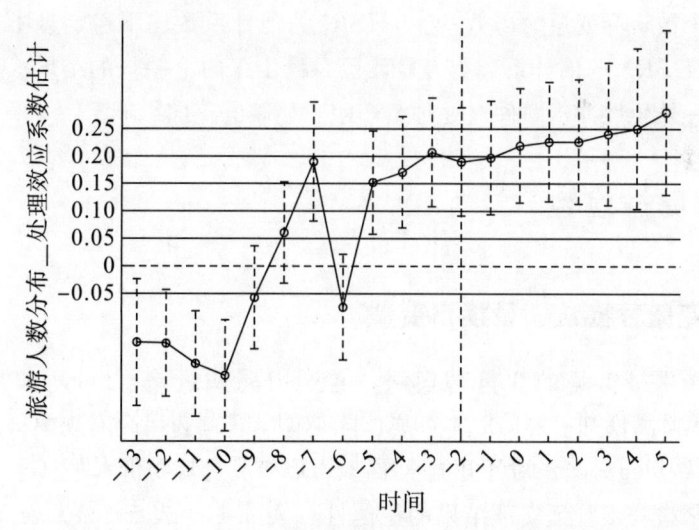

图5.1 2014年旅游人数分布平行趋势检验

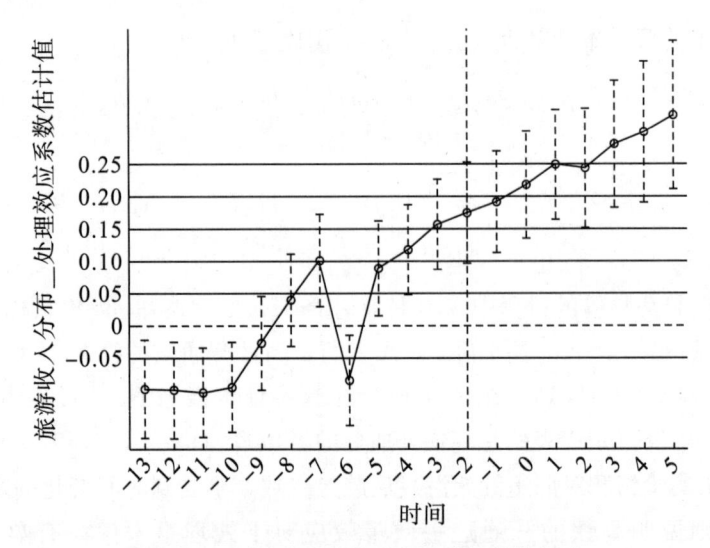

图 5.2　2014 年旅游收入人数平行趋势检验

从图 5.1 及图 5.2 可以看出，在高铁开通前，无论是旅游人数还是旅游收入任意一个被解释变量，$Before_{it}^{k} \cdot HSR_{it}^{k}$ 的估计系数均不稳定且不显著，而 $After_{i,t}^{m} \cdot HSR_{i,t}^{m}$ 的估计系数均为显著且为稳步正向上趋势的结果。这说明高铁开通这一外生性冲击事件对处理组产生了显著的正向影响。

5.5　稳健性检验

5.5.1　变量替换法：替换自变量

本节选用最常见的变量替换法，通过用高铁线路（line）和高铁里程（km）来替换高铁开通（to）这一核心自变量，同时选用政府规模（gov）、常住人口对数（logpop）、对外开放水平（fdi）和消费者物价水平（cpi）作为控制变量，来进一步验证实证结果的稳健性（表 5.11～表 5.13）。表 5.10 中的数据展示了高铁对旅游业影响的稳健性检验的结果，观察可知，与之前的结果显示一致，显著性较为明显，呈现正值且递增的趋势，与前面实证结果相呼应，验证高铁开通对旅游人数和旅游收入分布呈现出正向且逐渐增强的影响。

表 5.10 line 替换 to 后与各年的旅游收入分布结果

Y=income Zipf	1 2000—2008	2 2000—2009	3 2000—2010	4 2000—2011	5 2000—2012	6 2000—2013	7 2000—2014	8 2000—2015	9 2000—2016	10 2000—2017	11 2000—2018	12 2000—2019
line	-0.0204861	0.061297	0.0616152**	0.044987**	0.0500795***	0.0532138***	0.0570653***	0.0522632***	0.045362***	0.0444415***	0.0426107***	0.0334699***
gov	-0.1524538	-0.615143**	-0.5871284***	-0.52274*	-0.4026381	-0.331467	-0.256099	-0.2208194	-0.2416128	-0.2621196	-0.2703443	-0.3386148
logpop	0.0021678	0.3942944	0.4514848	0.4396534	0.4233561	0.3935606	0.3687932	0.3686026	0.3925781	0.4024488	0.4093945	0.4289506
fdi	$8.29×10^{-6}$	0.0000169	$6.67×10^{-6}$	$-2.67×10^{-6}$	$-4.41×10^{-6}$	$-4.59×10^{-6}$	$-7.63×10^{-6}$	$-6.19×10^{-6}$	$-3.95×10^{-6}$	$-5.59×10^{-6}$	$-7.03×10^{-6}$	$-9.41×10^{-7}$
cpi	0.019553***	0.0121618***	0.0132959***	0.0160783***	0.016079***	0.0162291***	0.0156633***	0.0150803***	0.0142362***	0.0138656***	0.0137239***	0.0125946***
constant	-1.248091	-3.441271	-4.026915	-4.236961	-4.157281	-3.960493	-3.733961	-3.687794	-3.78311	-3.812275	-3.84698	-3.853678
时间固定效应	是	是	是	是	是	是	是	是	是	是	是	是
城市固定效应	是	是	是	是	是	是	是	是	是	是	是	是
观测数	261	290	319	348	377	406	435	464	493	522	551	580
R^2	0.2877	0.2068	0.2428	0.2790	0.2608	0.2610	0.2776	0.2990	0.3174	0.3456	0.3612	0.3528

表 5.11 km 替换 to 后与各年的旅游收入分布结果

Y=income Zipf	1 2000—2008	2 2000—2009	3 2000—2010	4 2000—2011	5 2000—2012	6 2000—2013	7 2000—2014	8 2000—2015	9 2000—2016	10 2000—2017	11 2000—2018	12 2000—2019
km	0.0000511	0.0003279	0.0002858**	0.0002195**	0.0002412**	0.0002588**	0.0002656***	0.0002302***	0.0002135***	0.0002151***	0.0002162***	0.0001966***
gov	−0.1524145	−0.6206449**	−0.5743592**	−0.4979417*	−0.3654186	−0.2869733	−0.2119911	−0.1779932	−0.1887864	−0.2007466	−0.1827841	−0.1656212
logpop	0.0134553	0.4119761	0.4727902	0.50598	0.5263337*	0.5231418*	0.5134888*	0.4830019	0.4883348	0.4797498	0.4599211	0.4583534
fdi	7.20×10^{-6}	0.0000186	7.53×10^{-6}	$−3.50 \times 10^{-6}$	$−5.39 \times 10^{-6}$	$−5.07 \times 10^{-6}$	$−6.02 \times 10^{-6}$	$−1.78 \times 10^{-6}$	$−5.95 \times 10^{-8}$	$−1.49 \times 10^{-7}$	$−4.85 \times 10^{-7}$	4.14×10^{-7}
cpi	0.0194467***	0.0119747**	0.0129793***	0.0158658***	0.0157792***	0.0157245***	0.0150526***	0.0147845***	0.0141529***	0.013811***	0.0137887***	0.0131492***
constant	−1.328647	−3.563276	−4.173987	−4.765907*	−4.981201*	−4.984192*	−4.870354*	−4.610876*	−4.582822*	−4.471081*	−4.315636*	−4.244077*
时间固定效应	是	是	是	是	是	是	是	是	是	是	是	是
城市固定效应	是	是	是	是	是	是	是	是	是	是	是	是
观测数	261	290	319	348	377	406	435	464	493	522	551	580
R^2	0.2874	0.2032	0.2457	0.2823	0.2644	0.2729	0.2890	0.3104	0.3341	0.3673	0.3924	0.4025

表 5.12 line 替换 to 后与各年的旅游人数分布结果

Y==income Zipf	1 2000— 2008	2 2000— 2009	3 2000— 2010	4 2000— 2011	5 2000— 2012	6 2000— 2013	7 2000— 2014	8 2000— 2015	9 2000— 2016	10 2000— 2017	11 2000— 2018	12 2000— 2019
line	−0.0136285	0.068362	0.0640352*	0.0374987*	0.0431993***	0.0383094***	0.0444061***	0.0404986**	0.0373893***	0.0386395***	0.0384046***	0.0308854**
gov	0.3938659	−0.2361414	−0.2765995	−0.2964095	−0.3039224	−0.3539491	−0.3205319	−0.4147941	−0.500585	−0.5593722*	−0.5805591*	−0.6363892*
logxop	1.121313***	1.715077***	1.619972***	1.451482**	1.356883**	1.220245**	1.151589**	1.073571**	0.998974**	0.9243453**	0.8271411**	0.7758935**
fdi	−0.0000253	−0.0000118	−9.62×10⁻⁶	−8.38×10⁻⁶	−6.56×10⁻⁶	1.20×10⁻⁶	−2.36×10⁻⁷	4.66×10⁻⁶	8.94×10⁻⁶	9.92×10⁻⁶	0.0000115	0.0000186
cpi	0.0228574***	0.012493***	0.0137628***	0.0157523***	0.015579***	0.0157998***	0.0152025***	0.0146568***	0.0141189***	0.014018***	0.0142869***	0.0135437***
constant	−10.75585***	−14.19853***	−13.53201***	−12.35177***	−11.55938***	−10.44598***	−9.839589***	−9.101419**	−8.396159**	−7.748393**	−6.973526**	−6.451275**
时间固定效应	是	是	是	是	是	是	是	是	是	是	是	是
城市固定效应	是	是	是	是	是	是	是	是	是	是	是	是
观测数	261	290	319	348	377	406	435	464	493	522	551	580
R^2	0.3503	0.2755	0.3095	0.3227	0.3303	0.3184	0.3257	0.3349	0.3543	0.3753	0.3844	0.3872

表 5.13 km 替换 to 后与各年的旅游人数分布结果

Y=income Zipf	1 2000—2008	2 2000—2009	3 2000—2010	4 2000—2011	5 2000—2012	6 2000—2013	7 2000—2014	8 2000—2015	9 2000—2016	10 2000—2017	11 2000—2018	12 2000—2019
km	0.0000501	0.0003874	0.000369**	0.000273*	0.0002863**	0.0002423**	0.0002546***	0.0002203***	0.0002107***	0.0002183***	0.0002233***	0.0002056**
gov	0.3939391	−0.2390553	−0.2309403	−0.2251853	−0.224595	−0.2920585	−0.2674993	−0.3421246	−0.4003656	−0.4337222	−0.4200981	−0.3806216
logpop	1.129263**	1.733641***	1.639325***	1.520462***	1.46071***	1.325712*	1.273878**	1.156063***	1.061797***	0.9710692***	0.8510879***	0.7842516***
fdi	−0.0000261	−0.00001	−0.0000111	−0.0000154	−0.0000147	−5.09×10⁻⁶	−5.16×10⁻⁶	1.99×10⁻⁶	6.77×10⁻⁶	9.47×10⁻⁶	0.0000126	0.0000154
cpi	0.0227803***	0.0123194***	0.0134573***	0.0151305***	0.0150516***	0.0152636***	0.0147668***	0.0148548***	0.0145958***	0.0146388***	0.0149828***	0.0144634***
constant	−10.8124***	−14.33039***	−13.68053***	−12.88275***	−12.38701***	−11.27871***	−10.81581***	−9.830354***	−9.009207***	−8.260034***	−7.327485***	−6.749806**
时间固定效应	是	是	是	是	是	是	是	是	是	是	是	是
城市固定效应	是	是	是	是	是	是	是	是	是	是	是	是
观测数	261	290	319	348	377	406	435	464	493	522	551	580
R^2	0.3502	0.2739	0.3199	0.3371	0.3473	0.3354	0.3477	0.3618	0.3863	0.4121	0.4276	0.4393

5.5.2 安慰剂检验

在理想的情况下，如果高铁开通是外生的，不受不可观测因素的影响，此时可以直接通过回归估计得到系数 β 的一致估计量 $\hat{\beta}$；但是现实条件下，高铁开通会受到各种可观测和不可观测因素的影响，尽管本书尽可能控制各种变量，也无法保证回归估计结果的无偏性，故本节进行安慰剂检验。

参照各文献中的安慰剂检验思路，本书检验思路为：通过寻找理论上不会对结果产生影响的"错误变量" $Treat_{fake}$ 来代替真实变量 $Treat$：

$$Y_{i,t} = C + \beta Treat_{fake} \cdot Post + \phi X + \mu_i + \gamma_t + \varepsilon_{i,t}$$

由于 $Treat_{fake}$ 是随机产生的，故实际的高铁开通效应 $\beta=0$。在此前提下，如果估计量 $\hat{\beta}=0$，则表明本书估计结果无偏；反之，则是估计结果有偏。

本节选取 2000—2019 年的各省份数据，通过对交互项随机抽取 500 次，观测该系数与基准试验结果是否存在显著差异，最终绘制估计 p 值与系数分布图，以主坐标标识回归系数，以副坐标标识 p 值。

由图 5.3 可得知，两次安慰剂检验的随机抽样系数以 0 为均值，呈现正态分布，即意味模型设定中没有漏掉足够重要的影响结果，符合安慰剂检验的预期，故核心结论较为稳健。

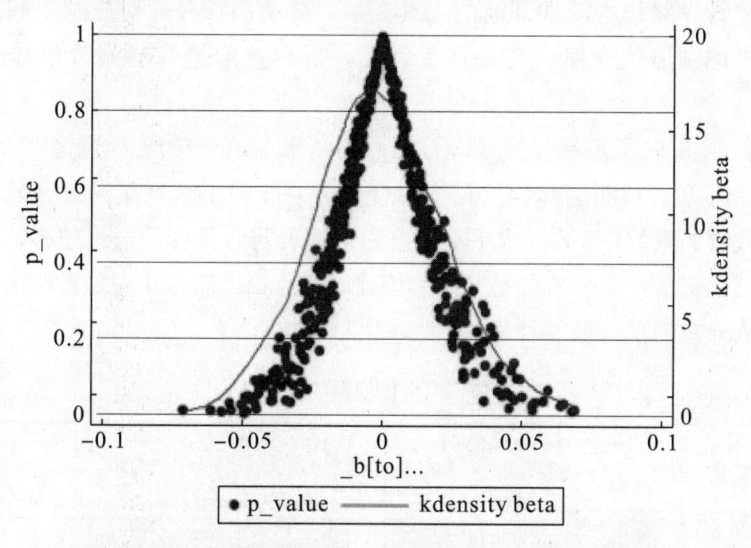

图 5.3 500 次抽样后系数与 p 值结合图（$y = touristZipf$）

5.5.3 内生性问题

针对高铁开通对旅游空间分布的影响设定了计量模型，但核心解释变量高铁开通可能会存在内生性问题，其内生性可能由于遗漏变量、测量误差或被解释变量与解释变量间存在双向因果关系。

由此，本书通过引入工具变量来克服可能产生的内生性。工具变量的选择既要满足相关性，即工具变量只与内生解释变量相关，又要满足外生性，即工具变量影响被解释变量的唯一途径是通过与之相关的内生解释变量。基于此，本书借鉴高翔等（2015）、孙学涛等（2020）构建工具变量的方法，选取清代驿路作为高铁开通的工具变量，并用高铁开通里程来表示高铁开通。在相关性上，高铁建设与清代驿路所设置的部分目的相似，都属于交通建设，连接各个城市。清代驿路在选择建设过程中也会尽可能考虑到地理位置、地面平坦度等因素，这些与高铁建设的选择有着相似性。同时，清代驿路经过的地方相对平坦、有一定的道路基础，在高铁建设时也会被优先考量。朱海玄等（2018）就利用 GIS 技术分析后表明中东部铁路在总体线路规划和选址上呈现出对清代驿路体系的继承性。在外生性上，清代驿路与历朝历代的驿路一样，主要是为政治和军事目的服务，如传达政令和军情、进行交通运输。在此分析之下，本书选取清代驿路作为高铁开通的工具变量，分析高铁开通对旅游空间分布的影响，考虑到清代驿路在各地区都存在，所以选取清代驿站数量作为工具变量。

表 5.14 反映了工具变量（IV）的回归结果，第一阶段 F 值为 35.08，远大于临界值 10，说明选择的工具变量合理，并非弱工具变量。第一阶段中清代驿站数量的系数在 1% 的水平上显著为正，表明清代驿站数量越多，高铁开通里程也就越多，意味着更易开通和修建高铁。第二阶段中对旅游收入分布和旅游人数分布的系数显著且为负。

表 5.14 内生性问题的回归结果

变量	IV 第一阶段	IV 第二阶段	IV 第二阶段
	里程	incomeZipf	touristZipf
站点数量	23.05644*** (3.54)		
里程		−0.000740*** （−3.53）	−0.000989** （−2.99）

续表

变量	IV 第一阶段	IV 第二阶段	IV 第二阶段
	里程	incomeZipf	touristZipf
第一阶段 F 值	35.08		
控制变量	是	是	是
省份固定效应	是	是	是
年份固定效应	是	是	是
N	580	580	580
R^2	0.7957	0.434	0.352

5.6 异质性分析

考虑到中国高铁开通在空间上存在分布不均匀的情况，加之不同省（自治区、直辖市）由于经济状况、地理位置等原因存在着异质性，可能会使高铁开通对旅游分布的影响产生差异。因此，我们将按三大区域这一经济地理中常见的划分来分析高铁开通对区域间旅游分布的影响。

5.6.1 数据说明

按国家统计局对中国大区域的分类标准，我国东部地区包括北京、天津、河北、辽宁、上海、江苏、浙江、福建、山东、广东、海南11个省（自治区、直辖市），中部地区包括山西、吉林、黑龙江、安徽、江西、河南、湖北、湖南8个省，西部地区包括四川、重庆、贵州、云南、西藏、陕西、甘肃、青海、广西、内蒙古、宁夏、新疆12个省（自治区）。本书所采用的29个样本中，东、中、西部地区的省（自治区、直辖市）分类见表5.15。

表5.15 东、中、西部地区分类

分类	省（自治区、直辖市）
东部	京、冀、辽、沪、苏、浙、闽、鲁、粤
中部	晋、吉、黑、皖、赣、豫、鄂、湘
西部	川、渝、贵、滇、藏、陕、甘、青、宁、新、桂、蒙

5.6.2 实证分析结果

根据表 5.16 中第 1 列、第 2 列显示的回归结果，高铁开通对旅游收入分布系数在 1% 的水平上显著且为正值，说明高铁开通对东部地区旅游收入分布起分散作用；高铁开通对旅游人数分布的系数不显著，说明高铁开通对东部地区旅游人数分布没有起到明显作用。常住人口对数系数为正且对旅游人数分布显著，说明东部地区的常住人口对东部地区的旅游人数分布起分散作用，对旅游收入分布没有起到明显作用。对外开放系数不显著，说明对外开放水平对东部地区的旅游收入和旅游人数分布没有起到明显作用。政府规模系数不显著，说明政府规模对东部地区的旅游收入和旅游人数分布没有起到明显作用。消费者物价水平系数不显著，说明东部地区的消费者物价水平对旅游收入及旅游人数分布没有起到明显作用。

表 5.16 2013 年异质性分析结果

变量	东部 incomeZipf	东部 touristZipf	中部 incomeZipf	中部 touristZipf	西部 incomeZipf	西部 touristZipf
to	0.131** (3.15)	0.0515 (0.84)	0.0401 (0.70)	0.0273 (0.42)	−0.00302 (−0.05)	−0.0470 (−0.51)
logpop	0.303 (1.47)	1.508*** (4.98)	2.985*** (4.51)	3.418*** (4.53)	−0.0731 (−0.35)	0.417 (1.42)
fdi	0.0000150 (1.21)	0.00000632 (0.35)	0.000324* (2.25)	0.000307 (1.87)	0.000734*** (7.91)	0.000480*** (3.69)
gov	0.0239 (0.09)	−0.532 (−1.30)	−0.660* (−2.04)	−0.388 (−1.05)	−0.251 (−1.29)	−0.157 (−0.58)
cpi	0.00945 (1.75)	0.0113 (1.42)	0.00994 (1.67)	0.00963 (1.42)	0.0133*** (4.02)	0.0167*** (3.61)
N	126	126	112	112	168	168
R^2	0.333	0.595	0.383	0.452	0.319	0.268
F	6.54	28.94	66.57	58.21	29.96	34.88

根据表 5.16 中第 3 列、第 4 列显示的回归结果，高铁开通对旅游收入分布、人数分布的系数为正但不显著，说明高铁开通对中部地区的旅游收入和旅游人数分布没有起到明显作用。常住人口对数系数为正且对旅游收入分布和旅游人数分布在 1% 水平上显著，说明中部地区的常住人口对数对中部地区的旅游收入分布和旅游人数分布起分散作用。对外开放系数为正且对旅游收入分布

显著，说明对外开放水平对中部地区的旅游收入分布起分散作用，对旅游人数分布没有起到明显作用。政府规模系数为负且对旅游收入分布显著，说明政府规模对中部地区的旅游收入分布起集聚作用，对旅游人数分布没有起到明显作用。消费者物价水平系数为正但不显著，说明中部地区的消费者物价水平对旅游收入分布和旅游人数分布没有起到明显作用。

根据表5.16中第5列、第6列显示的回归结果，高铁开通、常住人口对数和政府规模系数对旅游收入分布、旅游人数分布的系数不显著，说明高铁开通、常住人口对数、政府规模对西部地区的旅游收入和旅游人数分布没有起到明显作用。对外开放系数显著且为正，说明对外开放水平对西部地区的旅游收入和旅游人数分布起分散作用。消费者物价水平系数显著且为正，说明西部地区的消费者物价水平对旅游收入及旅游人数分布起分散作用。

根据表5.17中第1列、第2列显示的回归结果，高铁开通、消费者物价指数对旅游收入分布和旅游人数分布系数不显著，说明高铁开通和消费者物价指数对东部地区旅游收入分布和旅游人数分布没有起到明显作用。常住人口对数系数为正且对旅游人数分布显著，说明东部地区的常住人口对东部地区的旅游人数分布起分散作用，对旅游收入分布没有起到明显作用。对外开放系数为正且显著，说明对外开放水平对东部地区的旅游收入和旅游人数分布起分散作用。政府规模系数为负且对旅游人数分布显著，说明政府规模对东部地区的旅游人数分布起集聚作用，对旅游收入分布没有起到明显作用。

表5.17 2016年异质性分析结果

变量	东部 incomeZipf	东部 touristZipf	中部 incomeZipf	中部 touristZipf	西部 incomeZipf	西部 touristZipf
to	0.0723 (1.61)	0.0505 (0.79)	0.0494 (0.94)	0.101 (1.53)	0.168*** (4.38)	0.141** (2.80)
logpop	0.346 (1.90)	1.225*** (4.76)	2.458*** (4.30)	2.256** (3.15)	0.0222 (0.13)	0.497* (2.21)
fdi	0.0000350** (3.13)	0.0000314* (1.99)	0.000239** (2.74)	0.000204 (1.87)	0.000747*** (12.96)	0.000439*** (5.80)
gov	−0.336 (−1.36)	−0.984** (−2.82)	−0.944** (−3.12)	−0.974* (−2.57)	−0.164 (−0.85)	−0.0584 (−0.23)
cpi	0.00448 (0.79)	0.00833 (1.04)	0.00881 (1.48)	0.00763 (1.03)	0.0106** (3.20)	0.0145** (3.33)
N	153	153	136	136	204	204

续表

变量	东部		中部		西部	
	incomeZipf	touristZipf	incomeZipf	touristZipf	incomeZipf	touristZipf
R^2	0.378	0.502	0.301	0.206	0.587	0.329
F	11.08	44.09	67.19	50.60	28.98	42.56

根据表5.17中第3列、第4列显示的回归结果,高铁开通、消费者物价水平对旅游收入分布、人数分布的系数为正但不显著,说明高铁开通、消费者物价水平对中部地区的旅游收入和旅游人数分布没有起到明显作用。常住人口对数系数为正且对旅游收入分布和旅游人数分布显著,说明中部地区的常住人口对中部地区的旅游收入分布和旅游人数分布起分散作用。对外开放系数为正且对旅游收入分布显著,说明对外开放水平对中部地区的旅游收入分布起分散作用,对旅游人数分布没有起到明显作用。政府规模系数为负且显著,说明政府规模对中部地区的旅游收入分布和旅游人数分布起集聚作用。

根据表5.17中第5列、第6列显示的回归结果,高铁开通对旅游收入分布、旅游人数分布的系数为正且显著,说明高铁开通对西部地区的旅游收入和旅游人数分布起分散作用。常住人口对数系数为正且对旅游人数分布显著,说明西部地区的常住人口对旅游人数分布起分散作用,对旅游收入分布没有起到明显作用。对外开放水平和消费者物价指数系数显著且为正,说明对外开放水平、消费者物价指数对西部地区的旅游收入和旅游人数分布起分散作用。政府规模系数为负但不显著,说明政府规模对西部地区的旅游收入分布和旅游人数分布没有起到明显作用。

由表5.16和表5.17的回归结果表明,高铁开通对旅游空间分布的影响从2013年东部地区显著、中部和西部地区不显著,到2016年西部地区显著、东部和中部地区不显著,这可能是因为高铁开通初期发展相对缓慢且运行线路少,更容易在经济相对发达的东部地区优先开通,因此,高铁建设前期对东部地区旅游空间分布的影响相对更大。而随着高铁建设的持续推进,各省(自治区、直辖市)高铁从无到有,到2016年,除宁夏、西藏外,各省(自治区、直辖市)均已开通高铁且分布更加均衡。此时,高铁对于经济条件、基础建设相对较差的西部地区而言所发挥的作用更大,对于旅游空间分布的影响也相较于中部和东部地区更加显著。

第6章 机制分析

6.1 资源禀赋效应

6.1.1 基本理论

一个特定的地理区位发展旅游业的潜力由其旅游资源禀赋决定，而游客产生旅游动机的根本原因在于旅游目的地旅游资源的集聚度、垄断度和品味度等旅游资源禀赋。选择旅游目的地时，游客往往更愿意选择含高级别旅游点的目的地；实际旅游过程中，游客倾向于只游玩附近的高级别旅游点。

本章从多个方面来研究旅游资源禀赋，其中，丰度可用于度量旅游资源的丰富程度，旅游资源的类型越多，则组合越丰富，那么丰度值就越大。王凯以国家级自然保护区及其他重点风景名胜区评价指标，计算了我国各个省（自治区、直辖市）旅游资源的绝对、相对和总丰度，还介绍了组合指数和整体的优势度等多项指标。在王凯研究的基础上，黄成林不仅增加了世界遗产这一资源分析类型，还通过人均和地均旅游资源密度的研究指标分析了旅游资源的丰度。孙根年则提出了旅游资源丰度等于不同的基本 A 级景区数的加权求和，并赋予了相对应的权重。卞显红将长江三角洲城市旅游资源归纳划分为 8 大基本类型，并应用王凯的丰度公式分析计算了长三角地区的旅游资源丰度。区域旅游资源质量水平的衡量指标是旅游资源品位度，即区域内的高品质旅游资源数量可以反映其旅游资源的质量优势及数量优势。

高铁开通后，客源地与旅游地的空间距离已不再是最重要的影响因素，旅游地的交通网络密度、旅游资源禀赋和旅游服务接待能力成为重要的影响因素；查阅旅游经济相关文献发现，影响旅游经济发展产生空间差异的重要因子有服务设施、旅游资源禀赋、区位条件、交通基础设施、对外开放水平以及区域经济发展水平等，以上指标都和旅游经济发展水平呈正相关关系。除特殊情况外，旅游资源禀赋和旅游经济发展水平是呈正相关关系的。不过，一些学者也发现如果从省际角度来看，旅游资源与旅游经济之间存在显著正相关并不适用于所有省（自治区、直辖市）的情况，因此也催生了关于空间错位分析方面的研究。

经济学家从国家层面分析若缺乏制度创新以及技术革新，自然资源丰裕度就会跟经济增长呈负相关性，丰富的自然资源会通过多种机制对经济发展产生阻碍作用，比较常见的有资源财富的基础效应、荷兰病、轻视人力资本投资、资源寻租与腐败以及贸易条件论等。张菲菲、徐康宁等从制度层面分析了产生中国省级区域资源诅咒现象的主要原因。旅游学者认为交通条件、旅游资源禀赋、区位条件导致了旅游经济空间差异的产生，它们和旅游经济发展水平是呈正相关关系的。

6.1.2 提出假设

从旅游地角度看，旅游业发展的基础先决条件是交通，旅游资源、旅游流通过交通基础设施进行流通，建设旅游地和开发旅游资源的必要条件是交通。区域旅游业发展差异的主要影响因素有旅游资源、服务设施区域基础设施以及经济发展水平等。通过降低旅游者交通成本、改善旅游目的地的可达性、改变旅游资源吸引力的大小，高速铁路的开通加剧了旅游地的空间竞争，改变了旅游空间格局。高铁的开通明显带动了沿线地区产业的发展，在促进相关产业结构升级的同时也促进了旅游资源禀赋的开发利用。

基于以上分析，本书提出假设：高铁开通与旅游资源禀赋的交互效应，是旅游分布趋于分散的原因。

6.1.3 模型设计

我们使用 2000—2019 年各省（自治区、直辖市）的面板数据，考察高铁开通与各省（自治区、直辖市）旅游资源禀赋开发利用的交互效应。由于各省（自治区、直辖市）开通高铁的时间有差异，因此，我们采用多期 DID 进行估计。计量模型设定如下：

$$Y_{it} = C + \alpha_1 A_{it} + \alpha_2 treat_{i,t} \cdot open_{i,t} + \alpha_3 A_{it} \cdot treat_{i,t} \cdot open_{i,t} + \beta_1 X_1 + \beta_2 X_2 + \beta_3 X_3 + \beta_4 X_4 + \varepsilon_{it}$$

式中，下标 t 和 i 分别表示年份和地区，Y 为被解释变量，分别为旅游收入分布和旅游人数分布；X_1、X_2、X_3、X_4 为控制变量，分别表示常住人口系对数、对外开放水平、政府规模、消费者物价指数；C 为截距项，ε_{it} 为误差项；

A_{it}是模型的关键变量，也就是它代表了旅游资源禀赋中 AAAAA 级旅游景区的数量，$A_{it} \cdot treat_{i,t} \cdot open_{i,t}$ 代表了高铁开通与资源禀赋的乘积项，也就是交互效应，其系数 α_3 就是本书所要得出的高铁开通的资源禀赋效应系数。

6.1.4 实证分析

（1）数据来源及说明（表 6.1）。

表 6.1 资源禀赋效应数据来源及说明

变量名称	数据来源	说明
旅游总收入	2000—2019 年各省份《经济统计年鉴》《文化和旅游统计年鉴》	各省的旅游总收入＝入境旅游收入＋国内旅游收入
旅游接待总人数	2000—2019 年各省份《经济统计年鉴》	各省的旅游接待总人数＝入境旅游人数＋国内旅游人数
常住人口	国家统计局（http://www.stats.gov.cn/）	各省 2000—2019 年各年常住人口数量
对外开放水平	2000—2019 年《城市统计年鉴》	各省 2000—2019 年进出口贸易总额
政府规模	2000—2019 年《城市统计年鉴》	各省政府规模＝地方财政一般预算内收入/地方财政一般预算内支出
消费者物价指数	2000—2019 年各省份《统计年鉴》	各省 2000—2019 年各年消费者物价指数
AAAAA 级旅游景区数量	中华人民共和国文化和旅游部（https://www.mct.gov.cn/）	各省 2000—2019 年 AAAAA 级旅游景区的数量
世界遗产	《世界遗产名录》	各省 2000—2019 年入选世界遗产的数量
高铁站开通时间	2000—2019 年《中国铁道年鉴》	各省的高铁站开通时间，以建成并投入使用的时间为准
高铁线路数	中华人民共和国交通运输部（http://www.mot.gov.cn）国家铁路局（http://www.nra.gov.cn）	全国高铁线路总数量
高铁总里程数	中华人民共和国交通运输部（http://www.mot.gov.cn）国家铁路局（http://www.nra.gov.cn）	以省份为单位，29 个省（自治区、直辖市）的高铁总里程数

(2) 变量设定及指标选择 (表6.2)。

表6.2 资源禀赋效应变量设定及指标选择

变量设定	变量名称	变量代码	定义
被解释变量	旅游收入分布、旅游人数分布	incomeZipf、touristZipf	旅游收入分布、旅游人数分布共同代表区域旅游规模分布集聚程度情况
解释变量	高铁开通	$\text{treat}_{i,t} \cdot \text{open}_{i,t}$	各年份对应高铁开通情况
控制变量	高铁开通与AAAAA级旅游景区交互项	$A_{it} \cdot \text{treat}_{i,t} \cdot \text{open}_{i,t}$	高铁开通与AAAAA级旅游景区共同产生的影响情况
	常住人口对数	logpop	一个省份的常住人口数量的对数
	对外开放水平	fdi	以进出口贸易总额反映一个地区的对外开放水平
	政府规模	gov	一个省份每年政府财政一般预算内收入/政府财政一般预算内支出
	消费者物价指数	cpi	反映一定时期内城乡居民所购买的生活消费品和服务项目价格变动趋势、程度的相对数

(3) 描述性统计 (表6.3)。

表6.3 资源禀赋效应描述性统计

变量名称	观测值	均值	标准差	最小值	最大值
高铁开通×AAAAA级旅游景区数量	580	0.4500	2.2456	0	24.0000
旅游收入分布系数	580	0.8157	0.2780	0.3446	1.8490
旅游人数分布系数	580	1.0150	0.3507	0.3692	2.3168
AAAAA级旅游景区数量	580	4.3414	3.5712	1.0000	24.0000
世界遗产数量	580	2.1914	1.5200	0	7.0000
常住人口对数	580	8.1620	0.8342	5.5530	9.4326
对外开放水平	580	894.5556	1766.9400	0.9291	10915.8100
消费者物价指数	580	102.2791	1.9232	96.7000	110.0900
政府规模	580	0.4897	0.2014	0.0530	0.9509

续表

变量名称	观测值	均值	标准差	最小值	最大值
高铁线路数	580	1.3966	2.4171	0	17.0000
高铁总里程数	580	277.1472	467.4338	0	2143.0000
高铁线路数×AAAAA级旅游景区数量	580	12.4414	28.7580	0	238.0000
高铁总里程数×AAAAA级旅游景区数量	580	2398.1450	5001.6150	0	37344.0000
高铁开通×世界遗产数量	580	0.1534	0.7588	0	7.0000

表 6.3 为解释变量（高铁开通与 AAAAA 级旅游景区交叉乘积项）、被解释变量（旅游收入分布系数、旅游人数分布系数）、控制变量（常住人口系数、对外开放水平、消费者物价指数、政府规模）、替代变量（高铁线路数与 AAAAA 级旅游景区数量交叉乘积项、高铁总里程数与 AAAAA 级旅游景区数量交叉乘积项、高铁开通与世界遗产数量交叉乘积项）的描述性统计。

6.1.5 实证结果

由表 6.4 中的数据可知，在逐步加入控制变量的整个过程中，高铁开通与 AAAAA 级旅游景区数量的交叉乘积项对旅游收入分布的影响系数在 1% 的水平上显著且均为正值，表明资源禀赋在高铁开通对旅游收入分布的影响中发挥了调节作用，高铁开通和旅游资源禀赋的交互效应促进了旅游收入分布的分散，这与假设一致。

表 6.4 2013 年资源禀赋效应（5A）与旅游收入分布

变量名称	(1) 旅游收入分布	(2) 旅游收入分布	(3) 旅游收入分布	(4) 旅游收入分布	(5) 旅游收入分布
to×5A	0.0201*** (4.98)	0.0148*** (3.72)	0.0133** (3.25)	0.0133** (3.29)	0.0148*** (3.82)
logpop		0.736*** (5.94)	0.557** (3.27)	0.601*** (3.54)	0.465** (2.85)
fdi			0.0000177 (1.53)	0.0000193 (1.68)	0.0000121 (1.10)
gov				−0.418* (−2.52)	−0.429** (−2.72)

续表

变量名称	(1) 旅游收入分布	(2) 旅游收入分布	(3) 旅游收入分布	(4) 旅游收入分布	(5) 旅游收入分布
cpi					0.0172*** (6.20)
个体	固定	固定	固定	固定	固定
时间	固定	固定	固定	固定	固定
obs	406	406	406	406	406
R^2	0.062	0.143	0.148	0.162	0.241
F	31.07	27.96	28.13	28.75	31.24

由表6.5中的数据可知，高铁开通与AAAAA级旅游景区数量的交叉乘积项对旅游人数分布的影响系数显著且为正值，这与假设一致，说明高铁开通与旅游资源禀赋的交互效应促进了旅游人数分布分散。

表6.5 2013年资源禀赋效应（5A）与旅游人数分布

变量名称	(1) 旅游人数分布	(2) 旅游人数分布	(3) 旅游人数分布	(4) 旅游人数分布	(5) 旅游人数分布
to×5A	0.0226*** (4.28)	0.0113* (2.37)	0.00979* (1.99)	0.00985* (2.01)	0.0113* (2.37)
logpop		1.542*** (10.35)	1.358*** (6.63)	1.402*** (6.83)	1.272*** (6.33)
fdi			0.0000181 (1.30)	0.0000197 (1.42)	0.0000128 (0.95)
gov				−0.413* (−2.07)	−0.424* (−2.18)
cpi					0.0165*** (4.84)
个体	固定	固定	固定	固定	固定
时间	固定	固定	固定	固定	固定
obs	406	406	406	406	406
R^2	0.046	0.258	0.262	0.270	0.313
F	29.47	35.40	35.44	35.72	36.90

为了避免结果存在偶然性，进一步对 2014 年的数据进行了回归分析。由表 6.6 中的数据可知，在逐步加入控制变量的整个过程中，高铁开通与 AAAAA 级旅游景区数量的交叉乘积项对旅游收入分布的影响系数在 1‰的水平上显著且为正值，表明资源禀赋在高铁开通对旅游收入分布的影响中发挥了调节作用，且高铁网络与资源禀赋的交互效应实际上促进了旅游收入分布的分散，与先前的结果保持一致。

表 6.6 2014 年资源禀赋效应（5A）与旅游收入分布

变量名称	（1）旅游收入分布	（2）旅游收入分布	（3）旅游收入分布	（4）旅游收入分布	（5）旅游收入分布
to×5A	0.0191*** (4.89)	0.0137*** (3.61)	0.0119** (3.09)	0.0125** (3.23)	0.0148*** (3.95)
logpop		0.767*** (6.53)	0.513** (3.14)	0.555*** (3.39)	0.452** (2.84)
fdi			0.0000245* (2.23)	0.0000255* (2.33)	0.0000193 (1.82)
gov				−0.352* (−2.08)	−0.358* (−2.20)
cpi					0.0161*** (5.56)
个体	固定	固定	固定	固定	固定
时间	固定	固定	固定	固定	固定
obs	435	435	435	435	435
R^2	0.056	0.146	0.156	0.165	0.225
F	31.57	28.75	29.19	29.57	31.32

由表 6.7 中的数据可知，高铁开通与 AAAAA 级旅游景区数量的交叉乘积项对旅游人数分布的影响系数显著且为正值，表明资源禀赋在高铁开通对旅游人数分布的影响中发挥了调节作用，且高铁网络与资源禀赋的交互效应实际上促进了旅游人数分布分散。

表6.7 2014年资源禀赋效应（5A）与旅游人数分布

变量名称	(1)旅游人数分布	(2)旅游人数分布	(3)旅游人数分布	(4)旅游人数分布	(5)旅游人数分布
to×5A	0.0228***	0.0122**	0.0104*	0.0110*	0.0133**
	(4.53)	(2.69)	(2.25)	(2.38)	(2.92)
logpop		1.523***	1.268***	1.316***	1.216***
		(10.84)	(6.49)	(6.70)	(6.29)
fdi			0.0000246	0.0000257	0.0000196
			(1.87)	(1.96)	(1.52)
gov				−0.399*	−0.405*
				（−1.97）	（−2.05）
cpi					0.0157***
					(4.46)
个体	固定	固定	固定	固定	固定
时间	固定	固定	固定	固定	固定
obs	435	435	435	435	435
R^2	0.048	0.263	0.269	0.276	0.310
F	30.42	36.87	37.04	37.24	38.07

实证结果显示，高铁开通与AAAAA级旅游景区数量的交叉乘积项对于旅游收入分布和旅游人数分布的影响系数均显著且为正值，表明资源禀赋在高铁开通对旅游收入分布、旅游人数分布的影响中发挥着调节作用，高铁开通与旅游资源禀赋的交互效应显著促进了旅游收入分布和旅游人数分布的分散。

6.2 配套设施效应

6.2.1 基本理论

旅行社与星级酒店作为旅游业的支柱产业和基础配套企业，也是旅游空间的重要组成、旅游市场的主要供给要素、旅游接待的重要空间载体，同时还是城市地域中非常重要的经济活跃要素。

区域旅游的竞争优势与发展潜力在一定程度上可以由旅行社与星级酒店的发展水平来反映，而且这两个主体构成的空间格局表征了旅游空间分布的总体形态，体现旅游活动的空间属性及其相互关系，是区域旅游空间节点（即景区）、通道（即交通）与面域（即行政区）相互作用的结果。因此，在研究测量中，旅行社与星级酒店作为衡量旅游配套设施供给能力的重要指标，不仅折射出区域旅游发展的水平与潜力，还通过自身分布体现出旅游的空间分布格局。

随着城市经济和旅游业的发展，旅行社与星级酒店的空间格局早已成为旅游研究的重点内容。在星级酒店业与旅游的研究中，有学者发现美国星级酒店增长的热点区域主要有生态环境优良、区位条件优越的夏威夷、拉斯维加斯和佛罗里达等地，也有学者提出以交通为导向的酒店空间分布模式。在旅行社与旅游的研究中，学者一致认为旅行社在旅游供应链的绩效中发挥着重要作用，它与各个交通运营（如汽车、航空等）都有着不同水平的整合程度。

国内学者主要从区域性或城市的旅行社与星级酒店空间分布方面进行研究，但是在定性研究和定量研究的数量上相对有限。在现有文献中，部分研究探讨了星级酒店与旅行社的区域集聚，以及在此过程中出现的收敛和发散的现象，同时也有文献反思不合理的旅游产业集聚所带来的局限，提出将广阔的空间纳入旅游发展中来，根据中国区域旅游发展情况，旅行社分布空间也呈现不同的效率模式与动力机制。而关于我国星级酒店的空间分布状况以及布局分别具有区域性和整体性形成的影响因素和动力机制进行的研究可知，其空间分布结构大致是核心-边缘模式，即星级酒店多分布于主干道和商贸发达地区，呈现出集聚的态势。目前，我国旅游业主要围绕中心旅游城市形成中心性局面，星级酒店和旅行社多布局于交通便捷、人流量大、旅行业发展较为成熟完备的旅游热点城市。

6.2.2 提出假设

旅行社与星级酒店作为旅游业的基础性的配套旅游企业，以及旅游空间的重要组成部分，其发展与分布很大程度会受到交通条件的影响。同时，其空间分布格局在一定程度上也可以反映旅游分布结构与发展规律。

基于以上分析，本书提出以下假设：高铁网络与旅游配套设施的中介效应是旅游分布分散的原因之一。

6.2.3 模型设计

本节使用 2000—2019 年各省（自治区、直辖市）多时间段的面板数据，以研究讨论高铁开通对旅游配套设施的中介效应。由于各省（自治区、直辖市）开通高铁的时间点具有差异，故采用多期 DID 进行回归估计。逐步检验回归系数模型设定如下：

$$Y_1 = c_1 + d_1 X + \varepsilon_1 + \varphi H$$

$$M = c_2 + a_1 X + \varepsilon_2 + \varphi H$$

$$Y_2 = c_3 + e_1 X + b_1 M + \varepsilon_3 + \varphi H$$

式中，Y_1、Y_2 分别代表 touristZipf$_{i,t}$、incomeZipf$_{i,t}$，即在时间 t 时，省级行政区域 i 的区域旅游规模分布集聚程度，即为旅游 Zipf 指数；X 代表 treat$_{i,t}$·open$_{i,t}$ 代表高铁开通的乘积项；M 则代表 agent 与 Ahotel，即旅行社与星级酒店的数量；H 为一系列控制变量 gov、logpop、fdi、cpi，分别表示政府规模、常见人口数量、对外开放水平和居民消费指数，ε_1、ε_2、ε_3 表示随机误差项，c_1、c_2、c_3 表示常数项。

同时，本书还进行 Sobel 检验与逐步检验回归结果相互印证，Sobel 检验统计量为 $z = \hat{a}\hat{b}/s_{ab}$，其中 $\hat{a}$ 与 $\hat{b}$ 即回归系数模型中系数 a_1 与 b_1 的估计值。

6.2.4 实证分析

（1）数据来源及处理（表 6.8）。

表 6.8　旅游配套设施效应数据来源及说明

变量名称	数据来源	说明
旅游总收入	2000—2019 年各省份《经济统计年鉴》	各省的旅游总收入＝入境旅游收入＋国内旅游收入
旅游总人数	2000—2019 年各省份《经济统计年鉴》	城市群内各地级市的旅游总人数＝入境旅游人数＋入境旅游人数
星级酒店数量	2000—2019 年各省份《经济统计年鉴》	各省 2000—2019 年星级酒店的数量
旅行社数量	2000—2019 年各省份《经济统计年鉴》	各省 2000—2019 年旅行社的数量
常住人口	国家统计局（http://www.stats.gov.cn/）	各省 2000—2019 年各年常住人口数量
对外开放水平	2000—2019 年《城市统计年鉴》	各省 2000—2019 年进出口贸易总额
政府规模	2000—2019 年《城市统计年鉴》	各省政府规模＝地方财政一般预算内收入/地方财政一般预算内支出
消费者物价指数	2000—2019 年各省份《经济统计年鉴》	各省 2000—2019 年各年消费者物价指数

续表

变量名称	数据来源	说明
高铁站开通时间	2012—2017年《全国铁路旅客列车时刻表》	各个地级市的高铁站开通时间,以建成并投入使用的时间为准
高铁线路数	中国铁路12306官网（https://www.12306.cn/index/）	全国高铁线路总数量
高铁总里程数	《各省市运营里程统计表》	以省份为单位,29个省（自治区、直辖市）的高铁总里程数

(2) 变量设定及指标选择（表6.9）。

表6.9 旅游配套设施效应变量设定及指标选择

变量设定	变量名称	变量代码	定义
被解释变量	旅游收入分布、旅游人数分布	incomeZipf、touristZipf	旅游收入分布、旅游人数分布共同代表区域旅游规模分布集聚程度情况
解释变量	高铁开通	$treat_{i,t} \cdot open_{i,t}$	高铁开通后节约的时间
中介变量	星级酒店数量	Ahotel	五星级饭店是"星级旅游饭店"中的最高级,是由国家旅游局设立的全国旅游星级饭店评定委员会按照《旅游饭店星级的划分与评定》评定
中介变量	旅行社数量	travel agency	一个省份的旅行社数量
控制变量	政府规模	gov	一个省份每年政府收入/政府支出
控制变量	常住人口对数	logpop	一个省份的常住人口总数
控制变量	对外开放水平	fdi	以进出口贸易总额反映一个地区的对外开放水平
控制变量	消费者物价指数	cpi	反映一定时期内城乡居民所购买的生活消费品和服务项目价格变动趋势和程度的相对数

(3) 描述性统计。

表6.10为被解释变量（旅游收入分布、旅游人数分布）、核心解释变量（高铁开通、旅行社数量、星级酒店数量）、控制变量（政府规模、常住人口对数、对外开放水平、消费者物价指数）、替代变量（高铁条数）的描述性统计,为29个省（自治区、直辖市）2000—2019年的观测数值。

表 6.10 旅游配套设施效应描述性统计

变量名称	观测值	均值	标准差	最小值	最大值
高铁开通	620	0.0463	0.2181	0	1.0000
旅游收入分布系数	580	0.8157	0.2780	0.3446	1.8490
旅游人数分布系数	580	1.0150	0.3507	0.3692	2.3168
星级酒店数量	580	377.9172	223.1166	15.0000	1169.0000
旅行社数量	580	736.3466	553.8212	29.0000	3281.0000
常住人口对数	620	8.0833	0.8623	5.5530	9.4326
对外开放水平	620	864.9477	1716.3990	0.9300	10915.8100
消费者物价指数	620	102.2893	2.1671	96.7000	110.0900
政府规模	620	0.4975	0.2007	0.0530	0.9509
高铁线路数	620	1.3823	2.3719	0.0000	17.0000

6.2.5 实证结果

（1）旅游配套设施（旅行社）的中介效应。

由表 6.11、表 6.12 可知，在控制了政府规模、常住人口数量、对外开放水平和消费者物价指数等变量后，各个时段旅行社这一中介效应在高铁开通与旅游分布中的直接效应、间接效应及其占总效应的比例和显著性，具体结果如下：

在旅行社这一中介变量的影响下，高铁开通对旅游收入分布的总效应等于直接效应加上间接效应，前期显著性较弱，随后显著性越来越明显，后期总效应基本稳定在 0.17 左右；同时，高铁开通对旅游人数分布的总效应的显著性与旅游收入分布变化一致，逐渐明显和稳定，后期总效应基本稳定在 0.20 左右。同时，该中介效应一直正向促进旅游分布分散。

同时，无论是对旅游收入分布还是旅游人数分布，旅行社这一中介效应 Sobel 检验 p 值在 2010 年开始后均小于 0.05，说明旅行社这一中介效应在 2010 年后成立并发挥作用，且在旅游收入分布分散的总效应占比从 2008 年的 34.0%下降到 2014 年的 14.2%，之后趋势扭转，不断上升至 2019 年的 34.8%。这可能是由于高铁的开通，旅行社前期的业务受到冲击，经过市场的竞争和淘汰，适应变化的旅行社更好地推动当地旅游业务的发展。而在旅游人数分布分散的总效应占比则是一直保持上升趋势，由 2008 年的 12.1%上升到 2019 年的 51.0%，期间虽然有小幅波动，但仍然增加趋势明显。这说明在高铁开通后，当地旅行社业务的发展会带来大量的游客。

第6章 机制分析

表6.11 高铁开通对旅游收入分布的影响关系中旅行社的中介效应

Y=income Zipf	1	2	3	4	5	6	7	8	9	10	11	12
	2000—2008	2000—2009	2000—2010	2000—2011	2000—2012	2000—2013	2000—2014	2000—2015	2000—2016	2000—2017	2000—2018	2000—2019
直接效应	0.032	0.131*	0.126**	0.125**	0.142***	0.161***	0.176***	0.145***	0.146***	0.153***	0.113**	0.114**
间接效应	0.016	0.044*	0.033***	0.020*	0.030***	0.029**	0.029**	0.033***	0.033***	0.039***	0.064***	0.061***
总效应	0.048	0.175**	0.158***	0.145*	0.172***	0.19***	0.205***	0.178***	0.179***	0.192***	0.177***	0.174***
Sobel检验	0.016	0.044*	0.033***	0.020*	0.030***	0.029**	0.029**	0.033***	0.033***	0.039***	0.064***	0.061***
中介效应在总效应的比例	0.340	0.253	0.206	0.137	0.172	0.154	0.142	0.184	0.185	0.203	0.360	0.348

表 6.12　高铁开通对旅游人数分布的影响关系中旅行社的中介效应

$Y=tourist$ $Zipf$	1 2000—2008	2 2000—2009	3 2000—2010	4 2000—2011	5 2000—2012	6 2000—2013	7 2000—2014	8 2000—2015	9 2000—2016	10 2000—2017	11 2000—2018	12 2000—2019
直接效应	0.110	0.116	0.180**	0.140**	0.173**	0.123*	0.176***	0.138**	0.146**	0.162*	0.098	0.097
间接效应	0.015	0.061*	0.04	0.028*	0.042*	0.045***	0.045***	0.053***	0.054***	0.064***	0.109***	0.101***
总效应	0.125	0.177*	0.22***	0.168**	0.215***	0.169***	0.221***	0.192***	0.200***	0.227***	0.208***	0.199***
Sobel 检验	0.015	0.061*	0.183*	0.028*	0.042*	0.045***	0.045***	0.053***	0.054***	0.064***	0.109***	0.101***
中介效应在总效应的比例	0.121	0.346	0.183	0.165	0.196	0.269	0.204	0.278	0.270	0.284	0.526	0.510

由表 6.13、表 6.14 可知，在控制了政府规模、常住人口数量、对外开放水平和消费者物价指数等变量后，各个时段内星级酒店这一中介效应在高铁开通与旅游分布中的直接效应、间接效应及其占总效应比例和显著性，具体结果如下：

在星级酒店这一中介变量的介入下，高铁开通对旅游收入分布的总效应等于直接效应加上间接效应，前期显著性较弱，随后逐渐显著性越来越明显，后期总效应基本稳定在 0.17 左右；同时，高铁开通对旅游人数分布的总效应的显著性与旅游收入分布变化相比，增减幅度较为不稳定，但后期总效应基本在 0.20 附近摆动。与旅行社中介效应结果对比，星级酒店的中介效应为反向影响旅游分布分散。

同时，星级酒店的中介效应对旅游收入分布的 Sobel 检验的 p 值在 2011 年与 2014 年小于 0.05，中介效应存在，而其余年份由于显著性较弱，说明星级酒店对高铁开通到旅游收入这部分的中介传导较弱；而星级酒店的中介效应对旅游人数分布的 Sobel 检验的 p 值在 2009 年到 2016 年这段时间较为显著，存在中介效应，但中介效应占总效应的比例呈现微弱负向作用，这可能是由于星级酒店作为硬件条件，高铁开通这一交通改善反而能使游客能够在更短的时间下前往条件更好的星级酒店而非选择当地过夜，这对旅游人数分布分散产生了负面中介作用。

(2) 旅游配套设施（星级酒店）的中介效应（表 6.13）。

表6.13 高铁开通对旅游收入分布的影响关系中星级酒店的中介效应

Y=income Zipf	1 2000—2008	2 2000—2009	3 2000—2010	4 2000—2011	5 2000—2012	6 2000—2013	7 2000—2014	8 2000—2015	9 2000—2016	10 2000—2017	11 2000—2018	12 2000—2019
直接效应	0.056	0.116*	0.174***	0.174***	0.193***	0.207***	0.223***	0.191***	0.193***	0.199***	0.184***	0.179***
间接效应	−0.008	0.061**	−0.015	−0.029**	−0.021*	−0.018*	−0.018**	−0.013	−0.014*	−0.007	−0.007	−0.005
总效应	0.048	0.177***	0.158***	0.145***	0.172***	0.19***	0.205***	0.178***	0.179***	0.192***	0.177***	0.174***
Sobel检验	−0.008	0.061*	−0.015	−0.029**	−0.021*	−0.018*	−0.018**	−0.013	−0.014*	−0.007	−0.007	−0.005
中介效应在总效应的比例	−0.161	0.346	−0.098	−0.202	−0.121	−0.093	−0.089	−0.070	−0.080	−0.039	−0.042	−0.027

第6章 机制分析

表6.14 高铁开通对旅游人数分布的影响关系中星级酒店的中介效应

$Y=Tourist$ $Zipf$	1 2000—2008	2 2000—2009	3 2000—2010	4 2000—2011	5 2000—2012	6 2000—2013	7 2000—2014	8 2000—2015	9 2000—2016	10 2000—2017	11 2000—2018	12 2000—2019
直接效应	−0.009	0.122	0.238***	0.202***	0.239***	0.19***	0.244***	0.208***	0.062***	0.237***	0.219***	0.207***
间接效应	0.134	0.055**	−0.018	−0.034**	−0.025*	−0.021*	−0.023*	−0.017*	−0.019*	−0.011	−0.011	−0.008
总效应	0.125	0.177*	0.22***	0.168**	0.215***	0.169***	0.221***	0.192***	0.061***	0.227***	0.208***	0.199***
Sobel检验	−0.009	0.055**	−0.018	−0.034**	−0.025*	−0.021*	−0.023*	−0.017*	−0.019*	−0.011	−0.011	−0.008
中介效应在总效应的比例	−0.072	0.31	−0.081	−0.201	−0.114	−0.126	−0.103	−0.086	−0.095	−0.046	−0.055	0.199

6.2.6 稳健性检验

在基准实证分析处已经通过了工具变量清代驿站数量的检验。故在此基础上，为了确保旅游配套设施（旅行社与星级酒店）中介效应的稳健性，本节使用 2000—2019 年各省份的高铁线路（line）变量替换高铁开通变量（to）的稳健性衡量方法。具体结果如下：

由表 6.15、表 6.16、表 6.17 与表 6.18 可知，用高铁线路（line）替换高铁开通（to）后旅行社与星级酒店的中介效应结果，虽然显著性与各效应较实证部分较差，但关键变量的系数变化趋势以及正负号与上文实证分析的结果相一致，也证实了旅游配套设施交互效应的结果稳健性。

表 6.15 高铁线路替换后的旅游配套设施（旅行社）与旅游收入分布的中介效应

$Y=income$ $Zipf$	1 2000—2008	2 2000—2009	3 2000—2010	4 2000—2011	5 2000—2012	6 2000—2013	7 2000—2014	8 2000—2015	9 2000—2016	10 2000—2017	11 2000—2018	12 2000—2019
直接效应	0.032	0.100*	0.095***	0.071***	0.071***	0.064***	0.067***	0.064***	0.059***	0.058***	0.057***	0.048***
间接效应	0.016	0.033*	0.024*	0.014	0.012*	0.012*	0.008	0.005	0.004	0.003	0.002	0.001
总效应	0.048	0.133**	0.119***	0.085***	0.083***	0.076***	0.075***	0.07***	0.063***	0.061***	0.059***	0.049***
Sobel 检验	0.016	0.033*	0.024*	0.014	0.012*	0.012*	0.008	0.005	0.004	0.003	0.002	0.001
中介效应在总效应的比例	0.340	0.248	0.198	0.160	0.150	0.156	0.107	0.076	0.062	0.049	0.029	0.017

表 6.16 高铁线路替换后的旅游配套设施（旅行社）与旅游人数的中介效应

$Y=tourist$ Zipf	1 2000—2008	2 2000—2009	3 2000—2010	4 2000—2011	5 2000—2012	6 2000—2013	7 2000—2014	8 2000—2015	9 2000—2016	10 2000—2017	11 2000—2018	12 2000—2019
直接效应	0.110	0.120	0.130***	0.094***	0.099***	0.079***	0.076***	0.069***	0.063***	0.063***	0.061***	0.051***
间接效应	0.015	0.042*	0.025*	0.019*	0.017*	0.018**	0.015**	0.012**	0.010**	0.009**	0.008**	0.007*
总效应	0.125	0.162**	0.159***	0.113***	0.116***	0.097***	0.091***	0.081***	0.073***	0.072***	0.069***	0.057***
Sobel 检验	0.015	0.042*	0.029*	0.019*	0.017*	0.018*	0.015*	0.012*	0.01*	0.009*	0.008*	0.007*
中介效应在总效应的比例	0.121	0.261	0.184	0.168	0.146	0.187	0.163	0.148	0.134	0.126	0.116	0.116

表 6.17 高铁线路替换后的旅游配套设施（星级酒店）与旅游收入分布的中介效应

Y=income Zipf	1 2000—2008	2 2000—2009	3 2000—2010	4 2000—2011	5 2000—2012	6 2000—2013	7 2000—2014	8 2000—2015	9 2000—2016	10 2000—2017	11 2000—2018	12 2000—2019
直接效应	0.056	0.104*	0.115***	0.094***	0.093***	0.086***	0.084***	0.077***	0.069***	0.067***	0.064***	0.053***
间接效应	-0.008	0.029*	0.004	-0.009	-0.010*	-0.010*	-0.009***	-0.007***	-0.007***	-0.006***	-0.005***	-0.004***
总效应	0.048	0.133*	0.119***	0.085***	0.083***	0.076***	0.075***	0.07***	0.063***	0.061***	0.059***	0.049***
Sobel 检验	-0.008	0.029*	0.004	-0.009	-0.01**	-0.01**	-0.009**	-0.007***	-0.007***	-0.006***	-0.005***	-0.004**
中介效应在总效应的比例	-0.161	0.217	0.033	-0.106	-0.126	-0.136	-0.122	-0.103	-0.110	-0.095	-0.086	-0.077

表 6.18 高铁线路替换后的旅游配套设施（星级酒店）与旅游人数的中介效应

$Y=tourist$ $Zipf$	1	2	3	4	5	6	7	8	9	10	11	12
	2000—2008	2000—2009	2000—2010	2000—2011	2000—2012	2000—2013	2000—2014	2000—2015	2000—2016	2000—2017	2000—2018	2000—2019
直接效应	0.134	0.129*	0.155***	0.124***	0.129***	0.110**	0.102***	0.091***	0.081***	0.079***	0.076***	0.063***
间接效应	-0.009	0.034*	0.004	-0.011	-0.013*	-0.013*	-0.012**	-0.009**	-0.009**	-0.008**	-0.007**	-0.005**
总效应	0.125	0.162***	0.159***	0.113***	0.116***	0.097***	0.091***	0.081***	0.073***	0.072***	0.069***	0.057***
Sobel 检验	-0.009	0.034*	0.004	-0.011	-0.013*	-0.013*	-0.012**	-0.009**	-0.009**	-0.008**	-0.007**	-0.005**
中介效应在总效应的比例	-0.072	0.207	0.028	-0.093	-0.109	-0.134	-0.127	-0.114	-0.121	-0.105	-0.096	-0.089

第7章 政策建议

7.1 充分挖掘旅游资源优势，实现高质量发展

从东、中、西部的异质性分类来看，各大城市群的交通条件是影响游客可达性的重要因素。但是仔细观察研究可以看出，在经济发展水平持平，交通设施完善程度类似的城市群中，旅游经济的强弱程度还是会有明显的差别，这证明了旅游基础设施和目的地的旅游资源禀赋的优劣是吸引游客的一大重要原因。比如，西部地区的经济发展较全国整体发展水平而言，仍处于欠发达阶段，城市群内城市数量少，交通联系不紧密，但是仍然有城市拥有中等偏上的整体旅游收入，究其原因，吸引游客的大部分动力源都来自其具有特色的民族文化旅游资源、具有优越条件的自然文化旅游资源。所以，对于目的地的旅游建设行为方（政府、管委会、景区、旅行社等）来说，要充分挖掘自身的旅游资源优势，重视特色旅游产品的开发，丰富旅游产品的品类，加强旅游产品的特色性，增加基础设施投资，完善旅游发展政策，建设特色旅游专列，实现高质量发展。

7.2 抓好交通发展机遇，优化旅游产品结构

现阶段，高铁与旅游融合发展的趋势愈发明显，在经济"双循环"新发展格局下，"交旅融合"展现出巨大的发展潜力。趁着交通快速建设的大趋势，旅游业应抓住机会，快速升级产品结构，积极利用交通红利完成产业升级。具体可以从以下四个方面入手。

第一，进行产品类型结构优化。充分利用当地旅游资源优势，积极开发具有民族特色、地方特色、新鲜有趣的产品类型，如探险、度假、农家乐、研学等旅游产品，满足人民日益增长的多元化和多样性的需求。

第二，进行产品要素结构优化。产品中要素主要包括游、购、食、行、娱

等方面，要尽量做到各要素基础设施升级以及协调发展，实现各要素之间的比例平衡，进行全面的策略定位以免造成资源浪费。

第三，进行产品时间结构优化。旅游本身具有季节性，也有一定的随机性，要注意新产品的推出时间，因时因地地调整销售时间以增加销量。并且，要注意老产品的升级，与时俱进地推出特色旅游产品，同时避免跟风和产品同质化。

第四，进行产品空间结构优化。旅游产品的建设要注意和其他旅游产品之间的风格匹配和空间结构匹配，通常来说，旅游产品可以分为景区景点等点状产品、游玩路线特色小镇等主题路线、连接城市和其他各色景点的网络状产品，要注意避免单点发力，而是以点串线、以线铺面地进行产品和线路的合理搭配。

7.3 完善旅游基础设施建设，提升区域可达性

旅游基础设施的建设是由多方面因素共同承载的，其中主要包括铁路、航空、水路、公路建设等方面，单点城市和线路的建设至关重要，能够有效改善区域可达性，更重要的是将交通设施做成网状结构，形成完整的交通网络，能够最大限度地提升线路的利用率和游客的出行效率，有利于扩大游客的出行范围，实现更广范围的旅游经济协同发展。健全交通网络可以从以下几个方面来实现。

第一，增设高铁站点和通航城市数量，适时调整地区政策，以先动带后动，对目前未开通或少开通站点的城市进行基础设施建设，延长已有线路覆盖更多邻近城市，尽量满足日益增长的出行需求，提高次中心城市的竞争力，更好地实现"同城效应"，也有利于减缓现在高铁效应使城乡差距越来越大的情况。

第二，增加主要枢纽城市的连接，如东部城市群的地理位置相邻紧密，甚至出现城市群彼此覆盖的情况，这时增设各城市群的主要枢纽城市之间的车次和航线，能有效提高旅游交通便利性，更能促进枢纽城市的航空间接对外连接能力，不至于出现过载或是破坏生态的情况。

第三，合理统筹规划各大运输工具的布局，建设现代化的综合交通系统。不仅要加强城市之间的交通网络布局建设，也要关注城际铁路和城市轨道交通发展，联通公路网络和内河航运项目，避免各施工单位各自为政，合理配置资源。实现城市内部交通和外部交通的协调，平衡动态和静态交通，以及道路和

轨道交通以及水陆空交通，将各交通方式紧密结合，形成闭环式、链条式发展。同时注意信息系统的协调，利用现有的科学信息技术完善出行引导、道路信息采集、公共交通营运、物流服务、客运检票、服务及监控系统等。

第四，实行差别化定价策略。目前，航运的定价策略在各信息交易平台上部分实现了合理竞争，各航空公司因地制宜、因时制宜地运用了需求弹性的定价策略，但是高铁还没有对淡旺季、时间差、受众群体等方面实行不同的定价策略，在部分时点因价格居高而略逊于铁路和航空的竞争力。

第五，适度超前建设交通系统。目前，我国的城市化处于持续上升阶段，提前预测道路交通需求和适度提前规划道路交通建设有利于适应城市化快速发展的需求，增强旅游便利性，提高游客出游意愿。

第六，利用大数据等手段准确分析供需，发展网络分布状高铁运载模式，优化列车开行方案。高铁旅游产品提供的服务不同于普通列车，其特点体现在"点+线"结合的基础上，通过铁路交通优势和区域旅游资源相结合，缩短了景区之间的在途时间，扩大了重点景区对周边区域的虹吸范围，满足旅客便捷和高效出行需求。需采用旅游专列实行"一日一图"的运行管理方式，利用发达的路网优势，根据旅客出行需求、季节变化和旅游资源等要素，实现对不同线路区域主要旅游线路和景点的全覆盖，努力拓展热门旅游区域的运输能力，最大限度实现运力投放与客流需求在时间和空间上的最优组合，不断优化高铁旅游的开行方案。

7.4 优化城市群发展格局，建设能推进旅游业发展的体系

城市群是一个由经济、科技创新、环境、社会资源、公共服务等子系统共同组成的较为复杂的复合系统，合理布局交通系统有利于促进城市群整体的协调发展，可以从以下三个方面入手。

第一，实现空间结构的有序性。我国幅员辽阔，城市群分布呈现出不同城市群之间地理条件差异大、经济发展不平衡、社会文化环境各具特色、人口聚集密度不同等特征，使得城市群的空间结构呈现出东多西少、政策倾斜度不同、规模大小不同等方面的差异，所以要根据城市群的差异性发挥各种交通方式的技术经济优势，宜陆则陆、宜水则水、宜空则空，因地制宜，扬长避短，走适合当地特色的高质量发展之路，合理布局交通网络发展是优化城市群空间结构的重要手段之一。

第二，实现时间序列的有序性。水陆交通建设早于陆路交通和空中交通，

自改革开放以来，各交通方式的发展速度、投资规模、政策扶持均不相同，城市群的发展阶段也存在很大差异，规划交通建设时要明确城市群的发展阶段，争取建设规模与城市发展水平相当。以目前的情况来看，城市群交通建设普遍滞后于城市化的发展进程，不利于人口、资源、产业要素、产品供给的流动，要争取与当地经济实力相协调。

第三，实现功能上的有序性。交通的功能性体现在运输供给能力，客运和货运能力影响到线路两端目的地的常住人口和产业水平，要与当地的经济发展状况、人均消费水平、客货运能力等方面相协调。城市功能集中的区域，对交通形式多样化的需求更高，在各个功能区之间的良好交通网络能够提高人们的生产生活效率。实现功能上的有序性要遵守两个原则：一是某一交通方式的规划需与整体布局规划保持严格的归一性；二是某一层次的交通规划需与上一层次的交通规划布局保持严格的隶属性。

第四，实现旅游开发的有序性。重视旅游资源开发的节奏和布局，科学引导旅游行动者对旅游资源，尤其是具有时代记忆以及逐渐发展为文化瑰宝的旅游资源的开发和重建，保护文化遗产，在最大限度地弘扬传统文化的同时注意资源的利用和保护。

7.5 扬文旅融合之长，赋高铁旅游之能

第一，随着高铁旅游的发展，游客对于高铁旅游产品提出了更高的要求。因此，要推动供给侧改革，不断完善铁路旅游产品供给，打造高质量的高铁旅游列车定制化产品。树立市场化经营理念，不断拓展旅游市场，不仅要满足游客对于高铁产品的需求、牵引供给，更要使供给创造需求、激发游客无意识需求。聚焦区域性旅游产业结构供给，提高特色化服务水平，大幅增加特色旅游列车开行数量，深入实现高铁与旅游、文化等产业多业态的跨界融合发展。消费群体的多样化和区域消费情况的差异性，决定了高铁旅游列车势必要以个性化、定制化、差异化的产品来征服市场、满足游客需求。注重发挥好铁路优势，迎合旅游需求，依托旅游目的地主题特色对高铁设备设施进行完善，助推旅游和高铁的融合发展并带来新的收益增长点。

第二，创新高铁旅游市场化驱动机制，丰富多元化消费场景。高铁旅游市场具有消费跨界、消费场景丰富等特征，这为高铁旅游产品、消费场景多元化的产品创新提供了更为广阔的发展平台与空间，有形成更多新的增长点和增长极的可能，充分释放高铁旅游群体消费潜力。通过延展高铁旅游产业链条、优

化多元产业结构，基于市场驱动力和旅客需求，深化国内外和行业间、企业间的广泛合作，鼓励文旅市场参与产品孵化设计，以旅游列车产品为纽带，建立多元合作模式和创新型经营关系，不断放大新机制效应。

第三，增强铁路文化自信，打造具有特色的高铁旅游 IP，孵化主题文化高铁旅游品牌。高铁旅游文化品牌的发展方向不仅是国内游客，还可在海外彰显中国高铁旅游市场的影响力和占有率。在经济发展全球化的背景下，以及"走出去"与"引进来"战略下，利用高铁打造中国名片、弘扬中华文化、彰显文化自信是铁路行业责无旁贷的使命。高铁旅游产品以文化体验作为产品的核心要素，易于赋予产品潜在的意义和内涵，也便于消费者体验和接纳。赋予了铁路旅游文化价值的产品可以完美地勾勒出中国高铁的"名片"意象。例如，与大海的美丽邂逅——海南环岛高铁，雪山脚下的西部风情——兰新高铁，北国极地特快——哈大高铁等。通过高铁旅游的文化价值讲好中国故事，实现铁路文旅经济发展的双赢局面。

7.6 充分发挥我国铁路政策红利，促进高铁旅游高质量发展

首先，充分发挥我国铁路旅游政策红利。按照《国务院办公厅关于促进全域旅游发展的指导意见》（国办发〔2018〕15号）提升旅游交通服务的要求，积极促进铁路旅游市场创新，响应西部大开发、"一带一路"倡议等相关主题，进行产品孵化，设计以"旅游主体，位移为客体"为导向的高铁旅游产品，将政策优势作为推进高铁旅游市场发展的催化剂。

其次，面对差异化发展水平，采用区别式政策驱动发展。现阶段不同等级城市的发展政策应根据区域特性扬长避短、有的放矢。对于高等级的城市，尤其是超大城市和少数特大城市，政府一方面应确保城市在发展过程中保持正轨，避免过度膨胀；另一方面应以创新的思路推动城市朝着质变的方向高质量发展。对于大多数的高等级城市，要将合理规划与协调旅游产业发展这两大发展方向进行有机结合，协同发展。对于中低等级的城市，由于其旅游产业基础还处在薄弱环节、市场发展潜力与竞争势态狭小等"先天"缺陷，因此国家不仅要对其采取一定的政策倾斜，还要鼓励当地特色旅游产业的发展，强化实施旅游产业导向政策。

最后，多部门协作，打出政策组合拳。利用组合政策改善市场区位，促进旅游结构分布体系协调发展。要促进各区域的旅游结构分布协调发展，不仅需

要对应区域政府采取一定措施促进其发展，还需要得到国家层面的支持，包括但不限于以下几点：①利用国家提振消费、刺激内需的发展方针和"一带一路"倡议建设的部署，加强内陆地区交通基础设施建设，提升内陆地区的可达性与可进入性，增加对外经济联系，改善市场区位。②借鉴东部发达城市群的发展经验，积极推进内陆城市群的建设，重点对区域交通布局和核心枢纽进行规划，在汲取成功发展经验的同时发挥出内陆城市群建设的经济特色。同时，通过借助核心大城市的发展势头带动周边中小城市的经济发展，加强核心城市与中小城市在经济发展中的分工协作，减轻极化效应带来的区域发展不均衡情况，最终实现东、西部城市群发展的动态平衡。③通过行政区划分调整（对部分地级市撤并），优化城市规模布局，重组区位优势，发挥主观能动性与区域联动性，增强市场区位优势，重构本地中心城市。

7.7 加大旅游宣传力度，打造旅游特色品牌

为了最大化发挥高铁建设对旅游发展的作用，也为了应对日益激烈的旅游市场竞争，高铁建设应该配合当地旅游资源特色，制定出品牌化的高铁旅游特色产品。

第一，树立品牌形象，实施高铁旅游品牌创新战略。品牌特色是一个城市的流动招牌，丰富品牌文化内涵可以实现城市文化内容的质与量的传播，所有的营销传播策略都应该围绕这一内涵展开，实施营销传播策略的重点是优化品牌文化内涵，并由此引申相应的营销传播策略。基于区域旅游资源特色和高铁网络结构，制定系列高铁旅游品牌形象，总体规划、构建"高铁+旅游"品牌发展的系统工程，确定品牌发展的价值体系。以政府引导为基础，依托市场引领，加速铁路旅游品牌的升级迭代，进一步提升高铁旅游品牌的个性化主题和受众广度，进而增加知名度。同时，应重视对传播渠道和营销方式的联动与创新能力，有效结合微博、微信和抖音等网络平台和传统媒体的联合传播，提高品牌传播的覆盖度，深入消费者认知圈层，促进市场下沉，增强双向营销传播的有效性。

第二，构建高铁旅游服务创新模式，丰富旅游特色服务内容。高铁旅游服务模式不同于其他客运列车产品，创新服务模式是高铁旅游服务附加价值体现的关键所在。首先，新模式建立应以智能化服务平台为技术支持，"线上+线下"服务协同作业，将"传统+特色""个性+差异"多元化旅客需求融入每个服务环节中，实现全流程一站式服务闭环。全面规范车站、景区和接驳等服

务标准，提升作业人员的服务质量，补强硬件服务设备设施。其次，丰富特色文化服务，包括主题车厢、民俗活动和特色餐饮等，补强特色文化产品和旅游纪念品供给。实现点到点的无缝联运服务，提升接驳、行李托运、换乘等服务品质，优化观光游览的效率，降低时间和运营成本。

第三，营造良好融合发展条件，加速创新高铁旅游运营机制。高铁旅游还处于方兴未艾的阶段，且高铁旅游的市场化运营机制还有待深耕。从铁路外部发展环境角度看，应充分发挥国铁集团、地方政府、文旅企业各方积极性，建立共赢共享的联合运营机制，形成推进铁路旅游发展的强大合力。从铁路内部运营管理角度看，应加强标准化、规范化建设和管理。注重内部文旅人才队伍的培育，在铁路专业化能力过硬的基础上，建设一支文旅知识储备完善、服务意识强和政治素质一流的人才队伍。此外，应利用中国铁路12306平台成立高铁旅游智能服务中心，保障高效的信息化协同作业，实现为文旅企业及游客提供智能问询和接口服务。政府部门应加强景点自身的建设发展并拓宽线上线下的营销途径，结合当地旅游资源的禀赋与特色，设计出具有地方特色的旅游产品，实现旅游产品的错位与差异化发展。同时，旅游公司应根据高铁网络特点，合理设计符合时空分布的旅游线路。

7.8 完善高铁规划建设，优化高铁网络布局

我国高铁发展势头之迅猛，从无到有，从引进、消化、吸收再创新到自主创新，并在短期内取得了令人瞩目的成就，堪称"中国奇迹"。但在铁路规划建设工作中仍然需要对高铁网络的建设进行更加合理的规划与布局。

第一，要根据区域发展特征科学编制铁路发展规划，要结合现有实际发展与未来发展目标形成分类、分级、分层、功能对应、优势互补的规划体系。在建设区域性高效的高速铁路网的过程中，重视区域性、省际、城际之间高铁网络的互通，放眼全局，着眼未来，围绕城市群作为布局重点，加快都市圈市域铁路建设，促成省级之间有干线铁路、城际之间有通勤城际铁路、城郊之间有市域（郊）铁路和城市内部有城市轨道交通"四网融合"发展，建成城市一体化交通网络发展体系。

第二，合理规划布局现代综合交通枢纽，优化高速铁路与普速铁路结构，促进客运与货运协调发展。加快推动铁路进港口、物流园区和大型工矿企业，推动大宗商品及中长途货物运输向铁路转移。

第三，严格控制既有高铁的平行线路的建设，定期对已建高铁的运输量及

利用率进行评估，对于既有的利用率低下的高铁，更要注重线路的设计，避免在短期内新建平行线路，减少因重复建设导致的客流分散，阻碍既有线路运能效率的发挥，减少线路空置的情况。

第四，运用整体性思维进行总体规划，以人为本，以生态为根，重视高铁建设与人地矛盾的协调，做好高铁片区的产业和功能合理规划布局，促进高铁区交通舒畅、群众便捷、生态和谐的大统一，保证高铁沿线和高铁片区周围环境符合可持续发展要求。同时充分考虑车流、人流等交通组织的有序性，科学布局进出口、停车场等交通网络，着力打造快速、便捷且人性化的交通体系。

参考文献

[1] Albalate D, Fageda X. High speed rail and tourism: Empirical evidence from Spain [J]. Transportation Research Part A: Policy and Practice, 2016, 85: 174−185.

[2] Albalate D, Campos J, Jiménez J. Tourism and High speed rail in Spain: Does the AVE increase local visitors? [J]. Annals of Tourism Research, 2017, 65: 71−82.

[3] Guedes A S , Jiménez M I M. Spatial patterns of cultural tourism in Portugal [J]. Tourism Management Perspectives, 2015, 16: 107−115.

[4] Anderson G, Ge Y. The size distribution of Chinese cities [J]. Regional Science and Urban Economics, 2005, 35: 756−776.

[5] Auerbach F. Das Gesetz der bevölkerungskonzentration [J]. Petermanns Geographische Mitteilungen, 1913, 59: 73−76.

[6] Weaver B D. Peripheries of the periphery: Tourism in Tobago and Barbuda [J]. Annals of Tourism Research, 1998, 25 (2): 292−313.

[7] Baltagi B H. Econometric Analysis of Panel Data [M]. 3rd ed. New York: Wiley, 2005.

[8] Banister D, Berechman Y. Transport investment and the promotion of economic growth [J]. Journal of Transport Geography, 2001, 9 (3): 209−218.

[9] Bazin S, Beckerich C, Delaplace M, et al. La LGV: Un outil d'ouverture des espaces et de renforcement del' attractivite touristique? [J] Revue del' Economie Meridionale, 2004, 52: 205−206.

[10] Behrens C, Pels E. Intermodal competition in the London—Paris passenger market: High-speed rail and air transport [J]. Journal of Urban Economics, 2012, 71 (3): 278−288.

[11] Berry B J L. City size distributions and economic development [J].

Economic Development and Cultural Change, 1961, 9: 573−587.

[12] Bonnafous A. The regional impact of the TGV [J]. Transportation, 1987, 14 (2): 127−137.

[13] Bontje M. Facing the challenge of shrinking cities in East Germany: the case of Leipzig [J]. Geojournal, 2004, 61 (1): 13−21.

[14] Brau R, Lanza A, Pigliaru F. How fast are small tourism countries growing? Evidence from the Data for 1980−2003 [J]. Tourism Economics the Business & Finance of Tourism & Recreation, 2007, 13 (4): 603−614.

[15] Prideaux B. The role of the transport system in destination development [J]. Tourism Management, 2000, 21 (1): 53−63.

[16] Carroll G R. National city-size distribution: what do we know after 67 years of research? [J]. Progress in Human Geography, 1982, 6 (1): 1−43.

[17] Castillo-Manzano J I, Castro-Nuno M, Lopez-Valpuesta L, et al. High Speed Rail: Fast tracking tourism in the EU? [J]. Annals of Tourism Research, 2018, 71: 64−66.

[18] Cellini R, Cuccia T. The economic resilience of tourism industry in Italy: What the 'Great Recession' data show [J]. Tourism Management Perspectives, 2015, 16: 346−356.

[19] Couch C, Karecha J. Controlling urban sprawl: some experiences from Liverpool [J]. Cities, 2006, 23 (5): 353−363.

[20] Deliktas E, Önder A Ö, Karadag M. The size distribution of cities and determinants of city growth in Turkey [J]. European Planning Studies, 2013, 21 (2): 251−263.

[21] Dobkins L H, Ioannides Y M. Dynamic evolution of the US city size distribution [C]. Discussion Paper 99−16 Department of Economics Tufts University, 1999.

[22] Duranton, G. Urban evolutions: the fast, the slow, and the still [J]. American Economic Review, 2007, 97 (1): 197−221.

[23] Eaton J, Eckstein Z. Cities and growth: Theory and evidence from France and Japan [J]. Regional Science and Urban Economics, 1997, 27: 443−474.

[24] Elhorst J P. Spatial panel data models [M] //Fischer M M, Getis A.

Handbook of Applied Spatial Analysis. New York: Springer, 2009.

[25] Fayissa B, Nsiah C, Tadasse B. The Impact of Tourism on Economic Growth and Development in Africa [J]. The American economist, 2008, 14 (4): 807−818.

[26] Fennell D A. A tourist space-time budget in the Shetland Islands [J]. Annals of Tourism Research, 1996, 23 (4): 81−82.

[27] Forslid R, Ottaviano G. An analytically solvable core-periphery model [J]. Journal of Economic Geography, 2003, 3 (3): 229−240.

[28] Francesca P, Luigi B. Some evidence on the relationship between social exclusion and high speed rail systems [J]. The HKIE Transactions, 2017, 24 (1): 17−23.

[29] Fred M. Rethinking mega-region air travel: A surprising use for High-speed rail [J]. Journal of Air Traffic Control, 2012, 55 (1): 32−34.

[30] Friedman J R. Regional Development Policy: A Case Study of Venezuela [M]. Cambridge: MIT Press, 1966.

[31] Froeidh O. Market effects of regional High-speed trains on the Svealand line [J]. Journal of Transport Geography, 2005, 13 (4): 352−361.

[32] Froidh O. Perspectives for a future High-speed train in the Swedish domestic travel market [J]. Journal of Transport Geography, 2008, 16 (4) : 268−277.

[33] FujitaMasahisa, Paul Krugman, Tomoya Mori. On the evolution of hierarchical urban systems [J]. European Economic Review, 1999 (43): 209−251.

[34] Gabaix X. Zipf's law for cities: an explanation [J]. Quarterly Journal of Economics, 1999, 114 (3): 739−767.

[35] Gao Y, Su W, Wang K. Does High-speed rail boost tourism growth? New evidence from China [J]. Tourism Management, 2019, 72: 220−231.

[36] Garmendia M, Urena J M, Coronado J M. Long-distance trips in a sparsely populated region: The impact of high-speed infrastructures [J]. Journal of Transport Geography, 2011, 19 (4) : 537−551.

[37] Giesen K, Südekumy J. Zipf's law for cities in the regions and the country [J]. Journal of Economic Geography, 2011, 11 (4): 667−686.

[38] Givoni M. Development and Impact of the Modern high-speed train: A review [J]. Transport Reviews, 2006, 26 (5): 593-611.

[39] González-Val R. The evolution of US city size distribution from a long-term perspective (1900-2000) [J]. Journal of Regional Science, 2010, 50 (5): 952-972.

[40] Guirao B, Campa J L. Cross effects between high speed rail lines and tourism: Looking for empirical evidence using the spanish case study [J]. Transportation Research Procedia, 2016, 14: 392-401.

[41] Gunn C A. Tourism Planning [M]. New York: Taylor & Francis, 1988.

[42] Gutiérrez J, González R, Gómez G. The European high-speed train network: Predicted effects on accessibility patterns [J]. Journal of Transport Geography, 1996, 4 (4): 227-238.

[43] Gutiérrez J. Location, economic potential and daily accessibility: an analysis of the accessibility impact of the high-speed line Madrid-Barcelona-French border [J]. Journal of Transport Geography, 2001, 9 (4): 229-242.

[44] Harman R. High speed trains and the development and regeneration of cities [EB/OL]. [2023-06-01]. http://www.greengauge21.net.

[45] Harvey J, Thorpe N, Caygill M, et al. Public attitudes to and perceptions of high speed rail in the UK [J]. Transport Policy, 2014, 36 (36): 70-78.

[46] Hills T L, Lundgren J. The impact of tourism in the caribbean: A methodological study [J]. Annals of Tourism Research, 1977, 4 (5): 248-267.

[47] Hirota R. Present situation and effects of the Shinkansen [J]. Transport Policy & Decision Making, 1985, 3 (3): 255-270.

[48] Jameel K, Boopen S. The role of transport infrastructure in international tourism development: A gravity model approach [J]. Tourism management, 2008, 29 (5): 831-840.

[49] José M U, Menerault P, Garmendia M, et al. The high-speed rail challenge for big intermediate cities: A national, regional and local perspective [J]. Cities, 2009, 26 (5): 266-279.

[50] Chang J S, Lee J H. Accessibility analysis of Korean high-speed rail: A

case study of the seoul metropolitan area [J]. Transport Reviews, 2008, 28 (1): 87−103.

[51] Camille K. Emerging travel trends, high-speed rail, and the public reinvention of US transportation [J]. Transport policy, 2015, 37: 111−120.

[52] Khadaroo J, Seetanah B. The role of transport infrastructure in international tourism development: A gravity model approach [J]. Tourism Management, 2008, 29 (5): 831−840.

[53] Kim K S. High-speed rail developments and spatial restructuring: A case study of the Capital region in South Korea [J]. Cities, 2000, 17 (4): 251−262.

[54] Kim H J, Sultana S. The impacts of high-speed rail extensions on accessibility and spatial equity changes in South Korea from 2004 to 2018 [J]. Journal of transport geography, 2015, 45: 48−61.

[55] Lin X, Yang J, Zhang X, et al. Measuring shrinking cities and influential factors in urban China: Perspective of population and economy [J]. Modern urban research, 2017, 32 (1): 82−89.

[56] Losada N, Alén E, Cotos-Yáñez T R, et al. Spatial heterogeneity in Spain for senior travel behavior [J]. Tourism management, 2019, 70: 444−452.

[57] Madden C J. Some indicators of stability in the growth of cities in the United States [J]. Economic Development and Cultural Change, 1956 (4): 236−252.

[58] Mandelbrot B B. The fractal Geometry of nature [M]. San Francisco: Freeman, 1982.

[59] Bontje M, Burdack J. Edge Cities, European-style: Examples from Paris and the Randstad [J]. Cities, 2005, 22 (4): 317−330.

[60] Martinez F C, Audirac I, Fol S, et al. Shrinking cities: Urban challenges of globalization [J]. International journal of urban and regional research, 2012, 36 (2): 213−225.

[61] Cascetta E, Papola A, Pagliara F, et al. Analysis of mobility impacts of the high speed Rome-Naples rail link using withinday dynamic mode service choice models [J]. Journal of Transport Geography, 2011, 19

(4): 635-643.

[62] Masson S, Petiot R. Can the high speed rail reinforce tourism attractiveness? The case of the high speed rail between Perpignan (France) and Barcelona (Spain) [J]. Technovation, 2009, 29 (9): 611 - 617.

[63] Murphy P E, Andressen B. Tourism development on Vancouver Island: an assessment of the core-periphery model [J]. The Professional Geographer, 1988, 40 (1): 32-42.

[64] Mykhnenko V, Turok I. East European cities: patterns of growth and decline, 1960 - 2005 [J]. International planning studies, 2008, 13 (4): 311-342.

[65] Noboru H, By T. High-speed railway construction in Japan and its socio-economic impact [J]. Journal of Urban and Regional Planning, 2011, 4 (3): 132-156.

[66] Ömer Faruk Görçün. Impacts of high speed trains on tourism development: A case study of Ankara-Konya high speed rail lines [J]. Journal of Tourism & Hospitality, 2017, 6 (6): 1-7.

[67] Fröidh O. Perspectives for a future high-speed train in the Swedish domestic travel market [J]. Journal of transport geography, 2008, 16 (4): 268-277.

[68] Pagliara F, Mauriello F, Garofalo A. Exploring the interdependences between high speed rail systems and tourism: Some evidence from Italy [J]. Transportation Research Part A: Policy and Practice, 2017, 106: 300-308.

[69] Pagliara F, Rancesca L P, Gomez J, et al. High speed rail and the tourism market: Evidence from the Madrid case study [J]. Transport Policy, 2015, 37: 187-194.

[70] Papyrakis E, Gerlagh R. The resource curse hypothesis and its transmission channels [J]. Journal of Comparative Economics, 2004 (32): 181-191.

[71] Park Y, Ha H K. Analysis of the impact of high-speed railroad service on air transport demand [J]. Transportation research part e: logistics and transportation review, 2006, 42 (2): 95-104.

[72] Peter H. Magic carpets and seamless webs: Opportunities and constraints for high-speed trains in Europe [J]. Built Environment, 2009, 35 (1): 5—10.

[73] Plassard F. Le train rande vitesse et le réseau des villes [J]. Transports, 1991, 345: 14—23.

[74] Prideaux B. The resort development spectrum—A new approach to modeling resort development [J]. Tourism Management, 2000, 21 (3): 225—240.

[75] Prideaux B. The role of the transport system in destination development [J]. Tourism Management, 2000, 21 (1): 53—63.

[76] Randolph S. California high-speed rail economic benefits and impacts in the San Francisco bay area [R]. San Francisco: Bay Area Council Economic Institute, 2008.

[77] Reis J P, Silva E A, Pinho P. Spatial metrics to study urban patterns in growing and shrinking cities [J]. Urban geography, 2015, 37 (2): 246—271.

[78] Ritter W. Hotel location in big cities [M]. Berlin: Reimer, 1986.

[79] Robertson S. The potential mitigation of CO_2 emissions via modal substitution of high-speed rail for short-haul air travel from a life cycle perspective—An Australian case study [J]. Transportation research Part D: Transport and environment, 2016, 46: 365—380.

[80] Nelson R, Wall G. Transportation and accommodation changing interrelationships on Vancouver Island [J]. Annals of Tourism Research, 1986, 13 (2): 239—260.

[81] Sasaki K, Ohashi T, Ando A. High-speed rail transit impact on regional systems: does the Shinkansen contribute to dispersion? [J]. The Annals of Regional Science, 1997, 31: 77—98.

[82] Schaffar A, Dimou M. Rank-size city dynamics in China and India [J], 1981—2004. Regional Studies, 2012, 46 (6): 707—721.

[83] Sharma S. Persistence and stability in city growth [J]. Journal of Urban Economics, 2003, 53 (2): 300—320.

[84] Singer H W. The "Courbe des populations": A parallel to Pareto's law [J]. Economic Journal, 1936 (46): 254—263.

[85] Song S F, Zhang K H. Urbanization and city size distribution in China [J]. Urban Studies, 2002, 39 (12): 2317-2327.

[86] Soo K T. Zipf's Law for cities: A cross-country investigation [J]. Regional Science and Urban Economics, 2005, 35: 239-263.

[87] Tabuchi T, Thisse J F, Zeng D Z. On the number and size of cities [J]. Journal of Economic Geography, 2005 (4): 423-448.

[88] Sequeira T N, Nunes P M. Does Tourism Influence Economic Growth? A Dynamic Panel Data Approach [J]. Applied Economics, 2008, 40 (18): 2431-2441.

[89] Albalate D, Campos J, Jiménez J L. Tourism and high speed rail in Spain: Does the AVE increase local visitors? [J]. Annals of Tourism Research, 2017, 65: 71-82.

[90] Ureña J M, Menerault P, Garmendia M. The high-speed rail challenge for big intermediate cities: A national, regional and local perspective [J]. Cities, 2009, 26 (5): 266-279.

[91] Doren Van C S, Gustke L D. Spatial analysis of the US lodging industry, 1963-1977 [J]. Annals of Tourism Research, 1982, 9 (4): 543-563.

[92] Vickerman W R. Accessibility, attraction, and potential: A review of some concepts and their use in determining mobility [J]. Environment & Planning A, 1974, 6 (6): 675-691.

[93] Wall G. Peripheral Area Tourism [J]. Annals of Tourism Research, 1998, 25 (2): 522-523.

[94] Wall G, Dudycha D, Hutchinson J. Point analysis of accommodation in Toronto [J]. Annals of Tourism Research, 1985, 12 (4): 603-618.

[95] Wang D, Niu Y, Qian J. Evolution and optimization of China's urban tourism spatial structure: A high speed rail perspective [J]. Tourism Management, 2018, 64: 218-232.

[96] Wang D G. The change characteristic and impact mechanism of regional tourism spatial structure under high speed rail conditions [D]. Beijing: University of Chinese Academy of Sciences, 2012.

[97] Wang S, Guo J, Luo X, et al. Spatial impact of high-speed railway on the urban scale: an empirical analysis from Northeast China [J].

Chinese geographical science, 2020, 30 (2): 366-378.

[98] Weng J, Zhu X, Li X. Impact of high-speed rail on destination accessibility: A case study of China [J]. Journal of China Tourism Research, 2020 (1): 1-16.

[99] Wooldridge M. Econometric analysis of cross section and panel data [M]. Cambridge: MIT Press, 2002.

[100] Xu Z L, Zhu N. City size distribution in China: Are large cities dominant? [J]. Urban Studies, 2009, 46 (10): 2159-2185.

[101] Zipf G K. Human behavior and the principle of least effort [M]. Cambridge: Addison-Wesley Press, 1949.

[102] Zurick D N. Adventure travel and sustainable tourism in the peripheral economy of Nepal [J]. Annals of the Association of American Geographers, 1992, 82 (4): 608-628.

[103] 安贺新, 刘备, 汪榕. 旅游目的地游客购物体验影响因素的实证研究——基于北京、云南、四川部分景区的调查数据 [J]. 中央财经大学学报, 2018, 375 (11): 96-106.

[104] 敖荣军, 韦燕生. 中国区域旅游发展差异影响因素研究——来自1990—2003年的经验数据检验 [J]. 财经研究, 2006 (3): 32-43.

[105] 卞显红, 翁碧云. 城市轨道交通对旅游边缘区旅游增长极影响机制研究——以杭州为例 [J]. 浙江工商大学学报, 2012 (3): 55-63.

[106] 卞显红. 城市旅游核心-边缘空间结构协同发展形成机制研究——基于上海城市轨道交通建设视角 [J]. 商业经济与管理, 2012, 252 (10): 88-96.

[107] 卞显红. 基于旅游产业集群视角的城市旅游增长极形成机制分析 [J]. 商业研究, 2008 (1): 203-206.

[108] 卞显红. 长江三角洲城市旅游资源城际差异与丰度分析 [J]. 江苏商论, 2006, (2): 109-111.

[109] 曹芳东, 黄震方, 吴丽敏, 等. 基于时间距离视域下城市旅游经济联系测度与空间整合——以长江三角洲地区为例 [J]. 经济地理, 2012, 32 (12): 157-162.

[110] 曾玉华, 陈俊. 高铁开通对站点城市旅游发展的异质性影响——基于双重差分方法的研究 [J]. 旅游科学, 2018, 32 (6): 79-92.

[111] 陈建军, 郑广建, 刘月. 高速铁路对长江三角洲空间联系格局演化的影

响 [J]. 经济地理, 2014, 34 (8): 54−60, 7.

[112] 陈健昌, 保继刚. 旅游者的行为研究及其实践意义 [J]. 地理研究, 1988, 7 (3): 44−50.

[113] 陈锦龙, 王良健, 李晶晶. 我国省际旅游业发展影响因素的空间计量研究 [J]. 旅游论坛, 2011, 4 (2): 41−46, 58.

[114] 陈俐锦, 欧国立, 范梦余, 等. 高铁流视角下的中国县域网络结构特征与演化研究 [J]. 地理科学进展, 2021, 40 (10): 1639−1649.

[115] 陈佩虹, 苏慧慧, 王晴等. 高铁对区域旅游业发展的影响研究——以华东区地级市为例 [J]. 铁道经济研究, 2021 (3): 17−22.

[116] 陈彦光, 周一星. 豫北地区城镇体系空间结构的多分形研究 [J]. 北京大学学报（自然科学版）, 2001, 37 (6): 810−818.

[117] 程玉鸿, 卢婧. 城市蔓延研究述评 [J]. 城市发展研究, 2016 (4): 45−50.

[118] 崔保健, 张辉, 黄雪莹. 高铁背景下城市群旅游空间结构转型研究——以环渤海、长三角为例 [J]. 华东经济管理, 2014, 28 (11): 68−72.

[119] 崔峰, 包娟. 浙江省旅游产业关联与产业波及效应分析 [J]. 旅游学刊, 2010, 25 (3): 13−20.

[120] 邓涛涛, 王丹丹. 中国高速铁路建设加剧了"城市蔓延"吗？——来自地级城市的经验证据 [J]. 财经研究, 2018, 44 (10): 125−137.

[121] 邓涛涛, 赵磊, 马木兰. 长三角高速铁路网对城市旅游业发展的影响研究 [J]. 经济管理, 2016, 38 (1): 137−46.

[122] 董艳梅, 朱英明. 高铁建设的就业效应研究——基于中国285个城市倾向匹配倍差法的证据 [J]. 经济管理, 2016, 38 (11): 26−44.

[123] 冯烽, 崔琳昊. 高铁开通与站点城市旅游业发展："引擎"还是"过道"？ [J]. 经济管理, 2020, 42 (2): 175−191.

[124] 冯长春, 丰学兵, 刘思君. 高速铁路对中国省际可达性的影响 [J]. 地理科学进展, 2013, 32 (8): 1187−1194.

[125] 高鸿鹰, 武康平. 我国城市规模分布Pareto指数测算及影响因素分析 [J]. 数量经济技术经济研究, 2007 (4): 43−52.

[126] 高宁. 兰新高速铁路区域经济效应分析 [J]. 交通科技与经济, 2017, 19 (2): 75−80.

[127] 高铁梅. 计量经济分析方法与建模——EViews应用及实例 [M]. 北京: 清华大学出版社, 2006.

[128] 顾朝林. 中国城市体系——历史·现状·展望 [M]. 北京：商务印书馆，1992.

[129] 郭建科，王绍博，王辉，等. 国家级风景名胜区区位优势度综合测评 [J]. 经济地理，2017，37（1）：187-195.

[130] 郭建科，王绍博，王辉，等. 哈大高铁对东北城市旅游供需市场的空间效应研究——基于景点可达性的分析 [J]. 地理科学进展，2016（4）：505-514.

[131] 郭建科，王绍博，李博，等. 哈大高铁对东北城市旅游经济联系的空间影响 [J]. 地理科学，2016，36（4）：521-529.

[132] 郭伟，王伟伟，孙鼎新. 高速铁路对京津冀旅游经济联系的影响分析 [J]. 企业经济，2014，33（12）：76-79.

[133] 郭为，何媛媛. 旅游产业的区域集聚、收敛与就业差异：基于分省面板的说明 [J]. 旅游学刊，2008（3）：29-36.

[134] 胡毅，张京祥. 基于县域尺度的长三角城市群经济空间演变特征研究 [J]. 经济地理，2010，30（7）：1112-1117.

[135] 胡北明，黄欣. 高铁发展对后现代旅游消费者行为的影响研究 [J]. 四川师范大学学报（社会科学版），2021，48（2）：92-102.

[136] 胡天军，申金升. 京沪高速铁路对沿线经济发展的影响分析 [J]. 经济地理，1999（5）：101-104.

[137] 胡晓峰. 积极培育乡村旅游经济新增长极 [J]. 中国果树，2021（12）：132.

[138] 黄爱莲. 高速铁路对区域旅游发展的影响研究——以武广高铁为例 [J]. 华东经济管理，2011，25（10）：47-49.

[139] 黄成林. 中国主要旅游资源的省际比较研究 [J]. 安徽师范大学学报（人文社会科学版），2001（1）：135-137.

[140] 纪晓萌，秦伟山，李世泰，等. 中国地级单元旅游业发展效率格局及影响因素 [J]. 资源科学，2021，43（1）：185-196.

[141] 姜博，初楠臣. 哈大高铁对区域可达性影响及空间格局演变 [J]. 城市规划，2015，39（11）：92-98.

[142] 姜海宁，肖海平，李广斌，等. 长三角五星级酒店空间格局研究 [J]. 商业研究，2011（7）：79-83.

[143] 蒋海兵，张文忠，祁毅，等. 高速铁路与出行成本影响下的全国陆路可达性分析 [J]. 地理研究，2015，34（6）：1015-1028.

[144] 蒋海兵，刘建国，蒋金亮. 高速铁路影响下的全国旅游景点可达性研究 [J]. 旅游学刊，2014，29（7）：58-67.

[145] 蒋华雄，蔡宏钰，孟晓晨. 高速铁路对中国城市产业结构的影响研究 [J]. 人文地理，2017，32（5）：132-138.

[146] 蒋昭乙. 高铁时代苏北旅游发展战略的思考 [J]. 江苏商论，2011（1）：145-146.

[147] 金春雨，王伟强. 我国旅游业发展的空间相关性及其影响因素分析——来自 MESS 模型的经验证据 [J]. 干旱区资源与环境，2016，30（8）：198-202.

[148] 晋艺波，苏丽娟. 甘肃省旅游业发展因素的实证分析——基于多元线性回归计量经济模型 [J]. 生产力研究，2016（4）：88-91.

[149] 孔德立. 京津城际铁路对京津两地经济影响的比较分析 [J]. 经济研究参考，2013（35）：72-73.

[150] 李保超，王朝辉，李龙，等. 高速铁路对区域内部旅游可达性影响——以皖南国际文化旅游示范区为例 [J]. 经济地理，2016，36（9）：182-191.

[151] 李飞，张玉华. 珠江三角洲城市星级饭店空间分布影响因素研究 [J]. 商业经济文萃，2005（5）：1-5.

[152] 李京文，吉昱华. 中国城市化水平之国际比较 [J]. 城市发展研究，2004（3）：1-10.

[153] 李磊，陆林，穆成林，等. 高铁网络化时代典型旅游城市旅游流空间结构演化——以黄山市为例 [J]. 经济地理，2019，39（5）：207-216，225.

[154] 李磊，陆林，孙小龙，等. 高铁沿线旅游流网络结构及其互动关系研究——以合福高铁沿线地区为例 [J]. 人文地理，2020，35（1）：132-140.

[155] 李利敏，罗守贵. 增长极产业演化模式——以上海为增长极进行实证分析 [J]. 科学技术与工程，2012，64（4）：871-878，886.

[156] 李如友，黄常州. 中国交通基础设施对区域旅游发展的影响研究——基于门槛回归模型的证据 [J]. 旅游科学，2015，29（2）：1-13，27.

[157] 李学伟. 中国高铁：新时代经济社会发展的重要引擎 [J]. 北京联合大学学报（人文社会科学版），2019，17（3）：1-8，28.

[158] 李雪松，孙博文. 高铁开通促进了地区制造业集聚吗？——基于京广高

铁的准自然试验研究［J］. 中国软科学，2017（7）：81-90.

[159] 梁美玉，史春云. 长三角旅游城市核心——边缘空间结构的演变［J］. 旅游论坛，2009，2（2）：229-233.

[160] 梁雪松. 旅游消费需求与交通工具选择的相关性研究——基于高铁与航空运输视角［J］. 经济问题探索，2012（11）：123-130.

[161] 廖继武. 核心-边缘结构对旅游客流时间分布的影响——以广东省肇庆市为例［J］. 地域研究与开发，2019，38（1）：100-105.

[162] 林上. 日本高速铁路建设及其社会经济影响［J］. 城市与规划研究，2011，4（3）：132-156.

[163] 林玉虾，林璧属，林文凯. 基于面板分位数方法的国内旅游需求影响因素动态异质性研究［J］. 数理统计与管理，2018，37（6）：1073-1085.

[164] 林仲洪. 高速铁路建设对加速中国城镇化进程的重要作用［J］. 铁道经济研究，2010（6）：39-42.

[165] 刘柄麟，冯英杰，张超. 高速铁路对城市居民旅游行为的影响——以南京市为例［J］. 河北旅游职业学院学报，2016，21（4）：1-6.

[166] 刘峰. 中国西部旅游发展战略研究［M］. 北京：中国旅游出版社，2001.

[167] 刘继生，陈彦光. 城市地理分形研究的回顾与前瞻［J］. 地理科学，2000，20（2）：166-171.

[168] 刘军林，尹影. 高铁交通体验对中小城市旅游空间结构的影响——以涪陵为例［J］. 经济地理，2016，36（5）：190-194.

[169] 刘梦圆，赵媛，李亚兵. 徐州市旅游者空间行为路径分析及旅游发展对策［J］. 干旱区资源与环境，2017，31（1）：203-208.

[170] 刘强，杨东. 高铁网络对西北城市旅游经济联系的空间影响［J］. 地域研究与开发，2019，38（1）：95-99.

[171] 刘勇政，李岩. 中国的高速铁路建设与城市经济增长［J］. 金融研究，2017（11）：18-33.

[172] 陆军，宋吉涛，梁宇生，等. 基于二维时空地图的中国高铁经济区格局模拟［J］. 地理学报，2013，68（2）：147-158.

[173] 陆林，鲍捷，黄剑锋，等. 近年来中国旅游地理学研究进展与展望（英文）［J］. Journal of Geographical Sciences，2016，26（8）：1197-1222.

[174] 吕作奎，王铮. 中国城市规模分布及原因分析［J］. 现代城市研究，2008，（6）：81-87.

[175] 马丽君,刘聪. 高铁开通对目的地旅游流聚集的影响研究——以昆明市为例 [J]. 资源开发与市场, 2021, 37 (11): 1363-1369.

[176] 马丽君,马曼曼. 以地市为单位的中国旅游经济发展空间差异分析 [J]. 资源开发与市场, 2018, 34 (9): 1310-1314.

[177] 马晓龙,杨新军. 中国4A级旅游区(点):空间特征与产业配置研究 [J]. 经济地理, 2003 (5): 713-716, 720.

[178] 梅燕,颜梦琴. 四川省A级旅游景点空间结构演变研究 [J]. 地理信息世界, 2021, 28 (3): 49-53, 99.

[179] 孟德友,李小建. 中国省会城市高铁费用可达性及居民消费格局 [J]. 地理科学进展, 2018, 37 (8): 1055-1065.

[180] 孟德友,陆玉麒. 基于铁路客运网络的省际可达性及经济联系格局 [J]. 地理研究, 2012, 31 (1): 107-122.

[181] 穆成林,陆林,黄剑锋,等. 高铁网络下的长三角旅游交通格局及联系研究 [J]. 经济地理, 2015, 35 (12): 193-202.

[182] 倪康. 中小型城市高速铁路客站站前广场形态、规模研究 [D]. 合肥:合肥工业大学, 2017.

[183] 倪维秋,廖茂林. 高速铁路对中国省会城市旅游经济联系的空间影响 [J]. 中国人口·资源与环境, 2018, 28 (3): 160-168.

[184] 欧国立,谢辉. 高铁枢纽层级结构下的区域经济联系及其结构绩效分析 [J]. 产经评论, 2017, 8 (4): 64-73.

[185] 彭燕,谢冬明. 基于个案分析的旅游产业与区域经济协调发展定量研究 [J]. 南昌大学学报(人文社会科学版), 2015 (6): 81-87.

[186] 蒲英霞,马荣华,马晓冬,等. 长江三角洲地区城市规模分布的时空演变特征 [J]. 地理研究, 2009, 28 (1): 161-172.

[187] 戚伟,刘盛和. 中国城市流动人口位序规模分布研究 [J]. 地理研究, 2015, 34 (10): 1981-1993.

[188] 沈体雁,劳昕. 国外城市规模分布研究进展及理论前瞻——基于Zipf法则的分析 [J]. 世界经济文汇, 2012 (5): 95-111.

[189] 石培基,李国柱. 点-轴系统理论在我国西北地区旅游开发中的运用 [J]. 地理与地理信息科学, 2003, 19 (5): 92-95.

[190] 史春云,张捷,尤海梅. 四川省旅游区域核心-边缘空间格局演变 [J]. 地理学报, 2007, 62 (6): 631-639.

[191] 史庆斌,谢永顺,韩增林,等. 东北城市间旅游经济联系的空间结构及

发展模式 [J]. 经济地理, 2018, 38 (11): 211-219.

[192] 史甜甜, 李俊纬. 高铁开通对边远地区旅游业的影响: 以广东省为例 [J]. 南宁师范大学学报 (哲学社会科学版), 2019, 40 (5): 132-139.

[193] 宋文杰, 史煜瑾, 朱青, 等. 基于节点—场所模型的高铁站点地区规划评价——以长三角地区为例 [J]. 经济地理, 2016, 36 (10): 18-25, 38.

[194] 宋文杰, 朱青, 朱月梅, 等. 高铁对不同规模城市发展的影响 [J]. 经济地理, 2015, 35 (10): 57-63.

[195] 孙枫, 汪德根, 牛玉. 高速铁路与汽车和航空的竞争格局分析 [J]. 地理研究, 2017, 36 (1): 171-187.

[196] 孙根年. 西部入境旅游市场竞争态与资源区位的关系 [J]. 西北大学学报 (自然科学版), 2003, (4): 459-464

[197] 孙建伟, 田野, 崔家兴, 等. 湖北省旅游空间结构识别与可达性测度 [J]. 经济地理, 2017, 37 (4): 208-217.

[198] 孙阳, 姚士谋, 张落成. 长三角城市群"空间流"层级功能结构——基于高铁客运数据的分析 [J]. 地理科学进展, 2016, 35 (11): 1381-1387.

[199] 塔建. 高铁客运枢纽接驳交通设施布局及服务质量评价 [D]. 哈尔滨: 东北林业大学, 2017.

[200] 唐承财, 郑倩倩, 秦娜娜, 等. 旅游业绿色发展研究综述 (英文) [J]. Journal of Resources and Ecology, 2017, 8 (5): 449-459.

[201] 万庆, 吴传清, 罗翔, 等. 中国城市规模分布时空演化特征——基于"五普"和"六普"人口统计数据的实证研究 [J]. 经济地理, 2018, 38 (4): 81-90.

[202] 汪德根, 章鋆. 高速铁路对长三角地区都市圈可达性影响 [J]. 经济地理, 2015, 35 (2): 54-61, 53.

[203] 汪德根, 陈田. 中国旅游经济区域差异的空间分析 [J]. 地理科学, 2011, 31 (5): 528-536.

[204] 汪德根, 陆林. 基于点-轴理论的旅游地系统空间结构演变研究 [J]. 经济地理, 2005, 25 (6): 904-909.

[205] 汪德根, 牛玉, 陈田等. 高铁驱动下大尺度区域都市圈旅游空间结构优化——以京沪高铁为例 [J]. 资源科学, 2015, 37 (3): 581-592.

[206] 汪德根. 京沪高铁对主要站点旅游流时空分布影响 [J]. 旅游学刊, 2014, 29 (1)：75-82.

[207] 汪德根. 旅游地国内客源市场空间结构的高铁效应 [J]. 地理科学, 2013, 33 (7)：797-805.

[208] 汪德根. 武广高速铁路对湖北省区域旅游空间格局的影响 [J]. 地理研究, 2013, 32 (8)：1555-1564.

[209] 汪德根. 武广高铁对沿线都市圈可达性影响及旅游空间优化 [J]. 城市发展研究, 2014, 21 (9)：110-117.

[210] 王旭科. 交通运输对旅游的作用机制研究 [J]. 物流技术, 2010, 29 (7)：67-69.

[211] 王刚, 龚六堂. 浅析高速铁路建设投资的产业经济效应 [J]. 宏观经济研究, 2013 (6)：67-71.

[212] 王华. 城市居民出游的高铁选乘行为研究——以广西五市为例 [J]. 社会科学家, 2016 (5)：15-20.

[213] 王姣娥, 焦敬娟, 金凤君. 高速铁路对中国城市空间相互作用强度的影响 [J]. 地理学报, 2014, 69 (12)：1833-1846.

[214] 王姣娥, 景悦, 杨浩然. 高速铁路对国内民航旅客运输的替代效应测度 [J]. 自然资源学报, 2019, 34 (9)：1933-1944.

[215] 王姣娥, 丁金学. 高速铁路对中国城市空间结构的影响研究 [J]. 国际城市规划, 2011, 26 (6)：49-54.

[216] 王杰, 蔡志坚, 秦希. 高铁开通对我国城市旅游业影响的统计检验 [J]. 统计与决策, 2020, 36 (22)：95-97.

[217] 王兰, 王灿, 陈晨, 等. 高铁站点周边地区的发展与规划——基于京沪高铁的实证分析 [J]. 城市规划学刊, 2014 (4)：31-37.

[218] 王丽, 曹有挥, 仇方道. 高铁开通前后站区产业空间格局变动及驱动机制——以沪宁城际南京站为例 [J]. 地理科学, 2017, 37 (1)：19-27.

[219] 王丽, 曹有挥, 刘可文, 等. 高铁站区产业空间分布及集聚特征——以沪宁城际高铁南京站为例 [J]. 地理科学, 2012, 32 (3)：301-307.

[220] 王凌云. 试论旅游交通的几个问题 [J]. 南开经济研究, 1987 (6)：26-30.

[221] 王绍博, 郭建科, 罗小龙, 等. 高速铁路对中心城市航空客运市场的空间影响——基于人均时间价值视角 [J]. 地理科学进展, 2019 (11)：

1—10.

[222] 王绍博,罗小龙,郭建科,等. 高铁网络化下东北地区旅游空间结构动态演变分析 [J]. 地理科学, 2019, 39 (4): 568—577.

[223] 王顺洪. 中国高速铁路发展及其经济影响分析 [J]. 西南交通大学学报 (社会科学版), 2010, 11 (5): 65—69.

[224] 王谢勇,柴激扬,孙毅. 基于文献研究方法的我国高速铁路对经济发展影响综述 [J]. 经济与管理, 2015 (5): 66—71.

[225] 王欣,邹统钎. 高速铁路网对我国区域旅游产业发展与布局的影响 [J]. 经济地理, 2010, 30 (7): 1189—1194.

[226] 王学峰. 郑西高铁开通对洛阳旅游经济的影响与对策思考 [J]. 兰州学刊, 2011 (2): 216—218.

[227] 王垚,年猛. 高速铁路与城市规模扩张——基于中国的实证研究 [J]. 财经科学, 2014 (10): 113—122.

[228] 王垚,年猛. 高速铁路带动了区域经济发展吗? [J]. 上海经济研究, 2014 (2): 82—91.

[229] 王铮. 理论经济地理学 [M]. 北京: 高等教育出版社, 2002.

[230] 魏丽,卜伟,王梓利. 高速铁路开通促进旅游产业效率提升了吗?——基于中国省级层面的实证分析 [J]. 经济管理, 2018, 40 (7): 72—90.

[231] 文吉. 中国星级酒店空间布局研究 [J]. 商业研究, 2004 (21): 154—159.

[232] 吴春涛,李隆杰,何小禾,等. 长江经济带旅游景区空间格局及演变 [J]. 资源科学, 2018, 40 (6): 1196—208.

[233] 吴大明,薛献伟,张明珠. 基于引力模型的皖江城市带旅游经济联系测度分析 [J]. 安徽师范大学学报 (自然科学版), 2013, 36 (1): 69—72.

[234] 吴贵华,张晓娟,李勇泉. 高铁对城市旅游经济发展的作用机制——基于 PSM—DID 方法的实证 [J]. 华侨大学学报 (哲学社会科学版), 2020 (5): 53—64.

[235] 吴昊,张馨月. 高铁对沿线城市旅游业发展影响研究——以京广高铁为例 [J]. 经济问题, 2020, (11): 85—94.

[236] 吴康,方创琳,赵渺希,等. 京津城际高速铁路影响下的跨城流动空间特征 [J]. 地理学报, 2013, 68 (2): 159—174.

[237] 吴三忙. 产业关联与产业波及效应研究——以中国旅游业为例 [J]. 产

业经济研究，2012（1）：78-86.

[238] 吴志才，张凌媛，黄诗卉. 粤港澳大湾区旅游经济联系的空间结构及协同合作模式［J］. 地理研究，2020，39（6）：1370-1385.

[239] 向艺，郑林，王成璋. 旅游经济增长因素的空间计量研究［J］. 经济地理，2012，32（6）：162-166.

[240] 肖琦. 我国西部民族地区旅游经济发展与农村剩余劳动力转移问题研究——以贵州省安顺市为例［J］. 改革与战略，2015，31（11）：127-130，174.

[241] 辛大楞，李建萍. 高铁开通与地区旅游业发展——基于中国287个地级及以上城市的实证研究［J］. 山西财经大学学报，2019，41（6）：57-66.

[242] 熊元斌，黄颖斌. 新干线　新速度　新旅游——武广高铁对湖北旅游业发展的影响与对策［J］. 学习月刊，2010（7）：35-36.

[243] 徐康宁，韩剑. 中国区域经济的"资源诅咒"效应：地区差距的另一种解释［J］. 经济学家，2005（6）：96-102.

[244] 徐康宁，王剑. 自然资源丰裕程度与经济发展水平关系的研究［J］. 经济研究，2006，（1）：78-90.

[245] 徐银凤，汪德根. 中国城市空间结构的高铁效应研究进展与展望［J］. 地理科学进展，2018，37（9）：1216-1230.

[246] 许春晓，姜漫. 城市居民出游的高铁选乘行为意向的形成机理——以长沙市为例［J］. 人文地理，2014，29（1）：122-128.

[247] 许学强，林先扬，周春山. 国外大都市区研究历程回顾及其启示［J］. 城市规划学刊，2007，168（2）：9-14.

[248] 鄢慧丽，王强，熊浩，等. 中国"四纵四横"高铁对沿线站点城市可达性及其经济联系的影响［J］. 经济地理，2020，40（1）：57-67.

[249] 闫永涛，冯长春. 中国城市规模分布实证研究［J］. 城市问题，2009（5）：14-18.

[250] 杨金华，钟佩玲. 高铁背景下的湖南城市群城际可达性变化研究［J］. 资源开发与市场，2013，29（12）：1273-1275.

[251] 杨金华. 高速铁路对湖南城市群可达性的影响［J］. 人文地理，2014，29（2）：108-112.

[252] 杨莎莎，邓闻静. 高铁网络下的中国十大城市群旅游交通格局及其经济联系的比较研究［J］. 统计与信息论坛，2017，32（4）：102-110.

[253] 杨维凤. 京沪高速铁路对我国区域空间结构的影响分析 [J]. 北京社会科学, 2010 (6): 38-43.

[254] 杨吾扬, 梁进社. 高等经济地理学 [M]. 北京: 北京大学出版社, 1997.

[255] 殷平, 何赢, 袁园. 城际高铁背景下区域旅游产业的深度融合发展 [J]. 新视野, 2016 (1): 81-85, 100.

[256] 殷平, 张同颢, 杨寒胭. 高速铁路影响下京津冀城市旅游空间作用变化特征研究 [J]. 旅游导刊, 2020, 4 (1): 30-44.

[257] 殷平. 高速铁路与旅游业: 成果评述与经验启示 [J]. 旅游学刊, 2012, 27 (6): 33-40.

[258] 于秋阳, 杨斯涵. 高速铁路对节点城市旅游业发展的影响研究——以西安市为例 [J]. 人文地理, 2014, 29 (5): 142-148.

[259] 于秋阳. 基于SEM的高铁时代出游行为机理测度模型研究 [J]. 华东师范大学学报 (哲学社会科学版), 2012, 44 (3): 76-82, 154.

[260] 余菲菲, 左仲明, 孙建平. 皖南旅游交通可达性与旅游经济联系空间分析 [J]. 资源开发与市场, 2015, 31 (11): 1405-1408.

[261] 余伶莲. 我国旅游饭店时空分布初步研究 [J]. 安徽师范大学学报, 2005 (3): 108-111.

[262] 余泳泽, 伏雨, 庄海涛. 高铁开通对区域旅游业发展的影响 [J]. 财经问题研究, 2020 (1): 31-38.

[263] 岳洋, 曹卫东, 姚兆钊, 等. 兰新高铁对西北地区可达性及经济联系的影响 [J]. 人文地理, 2019, 34 (1): 131-139.

[264] 詹捍东. 关于我国旅游业"战略性支柱产业"定位的思考 [J]. 商业时代, 2010 (24): 126-127.

[265] 张菲菲, 刘刚, 沈镭. 中国区域经济与资源丰度相关性研究 [J]. 中国人口·资源与环境, 2007, 17 (4): 19-24.

[266] 张高军, 吴晋峰, 曹晓仪, 等. 基于等时费线的旅游客源市场空间分异研究 [J]. 旅游学刊, 2015, 30 (10): 89-98.

[267] 张辉, 赵广朝, 宋文芸. 我国高速铁路对旅游业发展的影响分析 [J]. 中国铁路, 2010 (10): 8-11.

[268] 张建国, 钟晖, 田媛, 等. 高铁对旅游者决策行为影响研究 [J]. 昆明理工大学学报 (社会科学版), 2019, 19 (2): 69-78.

[269] 张锦宗, 朱瑜馨, 曹秀婷. 1990—2004 中国城市体系演变研究 [J]. 城

市发展研究，2008（4）：84-90.

[270] 张凯，杨效忠，张文静. 跨界旅游区旅游经济联系度及其网络特征——以环太湖地区为例 [J]. 人文地理，2013，28（6）：126-132.

[271] 张学良，聂清凯. 高速铁路建设与中国区域经济一体化发展 [J]. 现代城市研究，2010，25（6）：7-10.

[272] 张佑印，顾静，黄河清. 中国区域旅游产业结构变化的空间差异分析 [J]. 经济地理，2012，32（4）：155-159，72.

[273] 张宇，朱成李，李春美. 高铁对旅游消费行为的影响——基于四川市场的分析 [J]. 商业经济研究，2019（13）：152-155.

[274] 张志新. 关于城市竞争力及提升中国城市竞争力的思考 [J]. 城市发展研究，2007（1）：52-56.

[275] 赵黎明，焦珊珊，姚治国. 中国旅游经济发展的分布动态演进 [J]. 干旱区资源与环境，2018，32（1）：181-188.

[276] 赵倩，陈国伟. 高铁站区位对周边地区开发的影响研究——基于京沪线和武广线的实证分析 [J]. 城市规划，2015，39（7）：50-55.

[277] 赵双全. 广西高铁旅游经济发展研究 [J]. 经济研究参考，2018（23）：66-70，75.

[278] 赵翔，赵鹏，李博，等. 多交通方式竞争条件下高速铁路票价和票额综合优化研究 [J]. 铁道学报，2018，40（5）：20-25.

[279] 赵映慧，初楠臣，郭晶鹏，等. 中国三大城市群高速铁路网络结构与特征 [J]. 经济地理，2017，37（10）：68-73.

[280] 郑海燕. 国内外高铁旅游研究综述 [J]. 社会科学动态，2019（7）：70-75.

[281] 周慧玲，许春晓. 湖南旅游经济空间网络结构特征研究 [J]. 财经理论与实践，2015，36（6）：126-131.

[282] 周强，薛海燕，马效. 旅游产业发展影响因素的区域差异研究——基于中国省际面板数据的分析 [J]. 城市发展研究，2018，25（1）：12-17.

[283] 周锐.《铁路"十三五"发展规划》发布 [J]. 城市轨道交通研究，2017（12）：37.

[284] 周世强. 生态旅游与自然保护、社区发展相协调的旅游行为途径 [J]. 旅游学刊，1998（4）：33-35，63.

[285] 周新军. 内需拉动下的中国交通运输业——规模结构、投资效应及未来走势 [J]. 经济研究参考，2011（52）：20-30.

[286] 周杨. 高速铁路沿线旅游目的地协同发展及其实现路径研究 [J]. 经济管理, 2013, 35 (3): 119-129.

[287] 周一星, 于海波. 中国城市人口规模结构的重构 [J]. 城市规划, 2004, 28 (6): 49-55.

[288] 朱竑, 吴旗韬. 中国省际及主要旅游城市旅游规模 [J]. 地理学报, 2005, 60 (6): 919-927.

[289] 朱力, 郭城. 黄山旅游地域空间研究 [J]. 城市规划, 2002, 26 (12): 49-54.

[290] 辛本禄, 刘莉莉. 乡村旅游赋能乡村振兴的作用机制研究 [J]. 学习与探索, 2022 (1): 137-143.

后 记

我非常荣幸能完成《基于 Zipf 法则的高铁网络对旅游空间分布影响研究》一书的写作，这本书是我长时间努力的结晶，也是我学术生涯中的一个里程碑。

本书的写作初衷是基于对高铁网络和旅游空间分布的兴趣。高铁网络的发展对中国的交通和经济发展有着重要的意义，而旅游作为一种重要的经济活动，也会受到高铁网络的影响。因此，我希望通过对高铁网络和旅游空间分布的研究，能够较清晰地了解高铁网络对旅游业的影响。

本书通过 Zipf 法则来定义旅游空间分布，通过 DID 分析方法来判断高铁网络对旅游空间分布影响的因果关系。本书最重要的结论：高铁网络的建设在一定程度上使得旅游发展出现了分散的趋势，这一结论是令人惊喜的，因为它打破了人们对高铁总是促进集聚的刻板印象，得到了一个意料之外的结果。

目前，这一研究结论在理论上还处于雏形阶段，仍需进一步的验证和精进，这是本书的不足之处，但也是一个新研究问题的起步，我相信这本书的研究仍然具有一定的学术价值和实践意义。它为我们理解高铁网络对旅游业的影响提供了一些新的视角和方法，希望这本书能够为读者提供一些启发和借鉴，同时也希望能够引起更多学者和决策者对高铁网络和旅游空间分布的关注和研究。

在此，我要衷心感谢在我研究过程中给予我支持和帮助的人们。首先，感谢刁本荣同学对第 1 章内容的梳理，以及全书内容上的梳理和校对；在第 2 章中，王国傲同学做了大量的文献整理工作；在第 3 章中，雷思静同学进行了基础理论的梳理；在第 4 章中，尹玉洁同学对大量现实数据进行了整理；在第 5 章中，张锦海同学对数据做了相应的处理和实证分析；在第 6 章中，王欣怡同学进行了机制分析的数据处理；在第 7 章中，马晓玲同学整合了政策建议。其次，感谢四川大学出版社的编辑们对书稿修改方面的辛勤付出。最后，感谢家人和朋友对于我的理解和支持，没有你们的帮助和支持，我不能完成这本书的写作。

希望这本书能够为读者提供有价值的内容，同时也期待能够为未来相关领域的研究工作提供一些启发和借鉴，更期待学者能在此基础上开启一个新的研究方向。

罗明志

2023 年 7 月 10 日